人は、いつ旅立ってもおかしくない

枡野俊明

PHP文庫

まえがき

人はこの世に生を享《う》け、そして死んでいきます。

その年齢や原因はさまざまですが、その現実だけは変わることはありません。もしもこの世界に真実というものがあるとすれば、それは私たち人間はやがて死を迎えるということ。それに尽きると思います。

人は必ず死を迎える。それは当然のことで、誰もが知っていることです。ところが頭では理解していても、心のどこかで理解しようとはしません。その真実に直面したとき、心は素直にそれを受け入れようとはしません。

父や母もいずれは亡くなってしまう。おそらくは自分よりも先に旅立ってしまう。幼いころから私たちは、心のどこかでそのときがくることを知っています。それは仕方のないことであり、人間としては当然のことだと。

しかし、いざその現実が目の前に現れたとき、私たちの心は乱されます。

「まだまだ若いのにどうして……」「どうしてこんな病で亡くならなくてはい

けないのか」「何とかもう少し長生きさせてあげたい」……。

説明のつかない思いが溢《あふ》れてきます。「死は当たり前のことだ」「受け入れなくてはいけない」と頭では理解しつつも、心がそれを受け入れることを拒んでいる。拒みきれないことを知っていながらも、どうしても受け入れることができない。人間の心とはそういうものです。

肉親や大切な人の死をいかに受け入れるか。その悲しみや苦しさは、どうすれば癒されるのか。その答えを出した人間はいません。人類が誕生してから今日に至るまで、私たちはその答えをずっと探し続けているのかもしれません。

大切な人を失ったときの悲しみ。それを少しでも癒すものはないのか。

私もひとりの僧侶として、ずっとそれを考え続けてきたような気がします。

もちろん、明確な答えが見つかったわけではありません。これからも自分の命が果てるまで、私はその答えを探し続けるでしょう。

ひとつの明確な答えはないですが、ほんの少しのヒントには、出会ってきました。

悲しみを癒すための小さなヒント。その小さな欠片《かけら》をかき集めることで、もしかしたら、少しの癒しが生まれるかもしれない。苦しむ人たちの心を、少しだけ癒すことができるかもしれない。そのような思いから、本書をしたためることにしました。

大切な人を失い、絶望の淵に沈んでいる人もいらっしゃるでしょう。数年が経っても、未だに心が乱されている人もいらっしゃるでしょう。あるいはいま現在、ご家族を見送る準備をされている人もいるかもしれません。そういう方々に対して、明確な言葉をおかけすることは、私にもできません。

しかし、小さな癒しの欠片を贈ろうと思います。

たったひとつの小さな欠片を握りしめて、これからの人生を歩んでほしい。悲しみと向き合いながらも、悲しみに押しつぶされない生き方をしてほしい。

それが私の願いであり僧侶としてできることは、ただそれだけなのです。

合掌

建功寺方丈にて　枡野俊明

人は、いつ旅立ってもおかしくない◎目次

まえがき

第1章 お別れとは何か

本質はそれでも生き続ける 12
その人の思いを感じる 14
手を合わせて心を癒す場所 17
お参りは自分自身のために 20
四十九日のあいだ一緒に旅をする 23
百日目には、きっと涙が涸《か》れている 27
言葉をかけるときは慎重に 31

ゆっくりと、受け止めていく　35
その後も、ともに人生を歩き続ける　39
自分を責めてはいけません　44
ろうそくの灯《あ》かりが、消えるがごとく　49

第2章　大切な人とのお別れが近いあなたへ

悔いを残さないお別れとは　56
「思い出」と「ありがとう」を文字にして渡す　62
エンディング・ノートのすすめ　66
分からなくなったままお別れしたくない　69
人は、いつ旅立ってもおかしくない　75
納得できる別れを迎えるために　81

「お迎えがくる」を受け流さない 85
安名授与で心と環境を整えておく 89
最期を必要以上に語らないこと 93
手のぬくもりを心に記憶する 98

第3章 悲しみから立ち直れないあなたへ

二年経つ頃にはモノから心が解き放たれる 102
法事は「気づき」を与えられる機会 106
この世に心を残そうとする 110
「時薬《ときぐすり》」はいつか必ず効いてくる 115
家族でもそれぞれ悲しみが違う 121
悲しみも喜びも続かない 125

知識よりも智慧を求める 130
生きるという本能を信じる 135
命はお預かりして、いずれお返しするもの 141
書や絵を嗜《たしな》んでみる 145

第4章

愛する人が、あなたに教えてくれること

旅立った人たちが授けてくれる智慧 154
残された人たちを癒す花たち 158
一本の糸でつながる百八の珠 163
最期に感謝の言葉を残せたら 167
いつもそばにいてくれると信じる 173
慣れる力は、生きる力 178

亡き両親の足跡を訪ねる　181
喜怒哀楽を留めておかないこと　185
答えはない。だから、運命を受け入れるしかない　189
生涯、生きることを学ぶ　193

編集協力――網中裕之
デザイン――三木俊一（文京図案室）

第1章

お別れとは何か

本質はそれでも生き続ける

生命が尽きて、肉体が死を迎える。話すこともできなくなり、手のぬくもりも失われていく。

そこにある亡骸《なきがら》は、もう二度と笑いかけてくれることはありません。

それが現実的な「死」というものです。

私たちは大切な人の死を前にして、きっと魂は生き続けているのだと信じています。たとえ二度と話すことができなくなっても、魂となって自分たちを見守ってくれている。あちらの世界から、生きている者たちを守り続けてくれている。そう信じることで、少しでも悲しみが癒されるのです。

「私たちの魂は、いつまでも生き続けることができるのですか？」と質問をされることがよくあります。

とくに悲しみに包まれたご葬儀などでは、心の支えを求めるかのように私に訊ねてくる人が多くいます。

そのときに私は、こんな話をします。

「たとえば私たちの身体が、水だったとしましょう。氷はやがて溶けてしまい、水に変わっていきます。その水さえも永遠のものではなく、いつかは水蒸気になってしまいます。水蒸気になってしまえば、そこに姿かたちを見ることはできません。しかし考えてみてください。水をつくっている成分はH_2Oです。このH_2Oは、氷が溶けて水になっても、変わることはありません。同じように水蒸気になって見えなくなったとしても、空気中に漂うH_2Oは永遠に消え去ることはありません。肉体と魂というものも、これと同じなのですよ」

人間が生きているときの肉体は、いわゆる氷の状態なのでしょう。それが死を迎えると、やがては水蒸気となってしまいます。肉体というかたちは消えてなくなりますが、その人が持っていた本質までが消えることにはなりません。

かたちは変わってしまいましたが、人間の本質そのものがなくなることはない。

そういうことからすれば、魂というものは、人間の本質そのものを表している。私はそのように解釈しています。

しかし、もし「魂というものは、ほんとうに存在しているのですか?」と聞かれたとしたら、その答えははっきりしたものではありません。

じつは仏教では、中道の考え方を示しているのです。

それは言葉をかえて言うのなら、それぞれの人の心が決めればいい。信じるのも信じないのも、それぞれの心に委ねているということなのだと思います。

その人の思いを感じる

亡骸はお骨となって、お墓のなかに眠っています。ですから、その人の魂もきっとお墓のなかにある。お墓に行けば、大切な人と再会することができる。

そしてお盆になると、魂はお墓を抜け出して、懐かしいわが家に帰ってくる……。そう言う人もいるでしょう。

またあるいは、魂は菩提寺《ぼだいじ》の本堂に、御本尊様に守られてお祀《まつ》りされている。そしてその分身が、自宅のお仏壇にお祀りしている位牌のなかに宿っており、毎朝、お仏壇に向かって手を合わせることで、亡き人と会話をすることができる……。そう信じる人もいるでしょう。

また一方では、いやそうではなく、大切な人の魂は、いつも自分と一緒にいてくれる。腕に巻いている数珠《じゅず》のなかにそれが宿って、自分のことを守ってくれているのです、と言う人もいるかもしれません。


このように、いろんな解釈があると思いますが、そのどれもが正しいのだと私は思います。なぜなら、あなたが愛した大切な人たちの魂は、あなた自身の心のなかにこそ宿っているからです。

あなたが、魂はお墓のなかに眠っていると信じるのなら、きっとお墓に行けば会えるはずです。菩提寺の本堂やお仏壇のなかにいると信じているのなら、お仏壇の前に坐ることで会うことができるでしょう。そして、いつもそばにいてくれると信じるのなら、必ずそばにいてくれます。

大切なことは、自分自身の心が魂を信じ、亡き人への思いを失わないということなのです。

魂の存在を信じなさい。そんなおしつけがましいことを仏教はいいません。信じるも信じないも、その人の自由です。

「魂なんて、そんなものはあるはずない。人間は死んでしまえば完全な無になる」そう考えることもできるでしょう。

しかし、すべてが無になってしまうという現実は、その人の悲しみを和らげることができるでしょうか。人間の心は、それほどまでに強くはできていません。

肉体はなくなっても、きっとどこかで魂は生き続けている。そして自分といつも一緒にいてくれる。そう考えることで、少しでも悲しみが癒えるならば、私はその存在を信じます。魂が生き続けることを信じることで、誰にも迷惑はかけないのですから。

いつの日か、必ず氷は溶けてしまいます。しかし、それはただ水蒸気に姿を変えただけ。本質は何も変わることはありません。

その水蒸気をいつも身体と心で感じる。亡き人への思いを絶やさずにいる。

それこそが供養であり、残された者の悲しみを癒すことなのだと思います。

手を合わせて心を癒す場所

かつての日本は、土葬というかたちで埋葬していました。亡くなった人たちを土のなかに埋めて、自然に帰していくわけです。

そのようにして亡くなった人たちを次々に埋葬していくと、どの場所に誰が埋葬されているのかが、わからなくなってしまいます。そこで「卒塔婆《そとば》」を一人ひとりに立てるようになっていきました。

卒塔婆というのは、もともとはお墓や塚、のちには仏塔を意味するインドのサンスクリット語の「ストゥーパ」が由来です。日本では木でつくられた卒塔婆に亡くなった人のご戒名を墨で書き、その下にご遺体が眠っているという目印にしたのです。

　ところが、当然のことながら、木でできた卒塔婆は、長い年月のなかで朽ちてしまいます。そこに記された戒名も読めなくなってしまう。そこで石が使われるようになり、これが現代も続く墓石ということになるのです。

　昔は、自宅の敷地内や家の裏山にお墓を造ることが当たり前でした。さすがに自宅の庭には埋葬しませんが、少し離れた裏山にはたくさんのお墓が点在していたものです。里山には必ずお墓があった。それは当たり前の風景でした。言い方をかえれば、お墓というものが日常生活のなかにあったということなのです。

　大切な家族を自宅で看取る。親戚や近所の人たちが集まってきて葬式を執り行う。そしてみんなの手で裏山に丁寧に埋葬する。

　自宅から裏山まではすぐに歩いて行ける距離ですから、毎朝起きると、まずは庭で摘《つ》んだ花をもって行って供える。夏の暑い日には、日に何度もお墓に水をかけに行ったのです。

　一本のお線香に火をつけて、立ち上る煙を眺めながら、亡き人に話しかける。「今日は暑くなりそうですよ」「もうすぐ畑のナスが収穫できそうですよ」と。

時には寂しさが溢れ出し、お墓の前でひとり涙を流すこともあるでしょう。しかしそうやって、ゆっくりと死を受けとめ、ゆっくりと悲しみを受けとめていったのです。そんな年月を重ねながら、やがて人は悲しみを癒していくことができたのです。

先祖代々のお墓のなかには、祖父や祖母の魂が一緒にいるのかどうか。それは生きている者にはわかりません。しかし、きっとみんなの魂が在《あ》るのだと信じることで、残された者は心を癒すことができるのではないでしょうか。

お墓の前で手を合わせる。お墓に水をかけ、掌でさすってみる。その行為が、悲しみを少しずつ溶かしてくれる。日本人ばかりでなく、おそらくは世界中の人々が、お墓を造ることで、狂おしいほどの悲しみと向き合ってきたのだと思います。

現代社会では、自宅の裏山にはお墓を造ることはできません。お寺などの宗教施設や、墓地として認可された場所にしか造ることはできない。法律でそう決められています。ですから、昔ほどお墓は身近な存在ではなくなってしまいました。

それでも、私たちの心を取り戻し、癒してくれる場所であるということは忘れないでほしいのです。

お参りは自分自身のために

とくに都市部では墓地を探すことが困難ですから、仕方なく自宅から遠く離れた場所にお墓を造らざるを得ません。たとえそういう環境だとしても、お墓参りには行くことです。

お墓参りは、義務でも何でもありません。お彼岸やお盆には多くの人がお墓参りに行きますが、これとて義務ではありません。お墓参りをサボったからといって、何かのペナルティーが科せられることもないのです。

行くも行かぬも本人の自由です。それでも私は、お墓参りをすすめています。それは何も、私が住職という立場だからではありません。

私のお寺には、相当数のお墓があります。そのなかには、月に幾度も訪れるお墓もあれば、何年もお参りにきていないようなお墓もあります。とくに近年は高齢化が進み、お墓参りにきたくてもこられないという人もたくさんいます。

そういう方たちは別にして、くることができる人は、できるだけきてほしい。それはお墓のためとか、亡くなった人のご供養とか、そういうことではありません。

お墓参りをすることは、何よりもその人自身のためだからです。

幼い子どもを亡くされたご夫婦がいました。まだ小学校にも上がらないわが子を亡くした悲しみに、寄り添える言葉はありません。

お子さんが亡くなってからの半年間、ご夫婦は、毎週末に必ずふたりでお墓参りにいらっしゃいました。憔悴《しょうすい》しきったふたりを見つめながら、私はただそっと手を合わせていました。

やがて半年が過ぎたころから、ときどき奥様がひとりでいらっしゃるようになりました。奥様は毎週末にお参りにくるのですが、ご主人は一か月に一、二度になったのです。きっとお仕事のご都合なのでしょう。

おひとりでお参りにくる奥様の姿を見て、私はご主人を責める気にはなりませんでした。反対に、少しだけほっとしたような気持ちになったのです。ふたりは、少しずつ日常を取り戻しつつある。少しずつ前を向いて歩き出したのだと。

そして一周忌の法要がすんでからは、奥様のお墓参りは二週間に一度になり、三回忌を迎えたころには、月命日にふたりでくるという日常になったのです。

お子様を失った悲しみは、一生消えることはないでしょう。忘れることなどできるはずもありません。それでもふたりは、生きている限り歩き続けなくてはならない。旅立ったわが子のためにも、強く生きなければならない。

「お父さん、お母さん。元気出してね」

ふたりはきっと、お墓の前でそんなわが子の声を聞いたのだと思います。

四十九日のあいだ一緒に旅をする

亡くなった人を、仏の世界へしお送りするために行われるのがお葬式です。本来、お葬式の儀礼には、一つひとつに深い意味があります。

しかし、慌ただしい現代においては、その意味を味わうことなく、儀式だけが進んでいってしまいます。亡くなってからお通夜をし、翌日にご葬儀をして茶毘《だび》に付す。涙も乾かぬうちに初七日の法要をすませる……。このような流れが一般的になっているようです。

ある意味では仕方のないことですが、もう少し丁寧な心で仏の世界と向き合うことも大事だと私は感じています。

「四十九日」という日があります。これは亡くなった日から数えて四十九日目ということ。これは誰もが知っているでしょう。しかし、その意味を知っている人は、案外少ないようです。

仏教では、亡くなったその日から仏になると考えるのではありません。仏になるための修行の旅をしてから、仏になると考えられています。その旅の期間が四十九日なのです。

人は、亡くなってから七日ごとに、いろんな仏様の弁護を受けながら、生前の行ないの審判をされるといわれています。

故人が三途の川のほとりに到着し、いちばんはじめに出会うのがお不動様です。その後に出会う仏様のなかには、閻魔《えんま》様も登場してきます。

こうして七人の仏様に出会う旅を続けながら、やがて三途の川を渡って仏国土へと旅立っていく。仏の世界へ行くための旅をするのです。ですから死に装束は、旅支度なのです。

かつては亡くなってから四十九日まで、七日ごとに親戚や親しい人が集まって法要を営みました。最初の七日目は「初七日」、次の七日目は「二七日《ふたなのか》」。そうして、亡くなった人と一緒になって、残された者も修行をすると考えられていたのです。

この旅において、七日ごとに故人が成してきた生前の行ないが審判され、生前の罪が重いと地獄へおとされます。そこで、遺族が法要を行ない、その声が審判官に届くよう、そして故人が良き道を歩けるよう応援するのが回向《えこう》供養です。

ですから、法要で集まっても、そこで飲み食いをするわけではありません。お酒を酌み交わすこともない。ただ亡くなった人とともに修行をする。これが本来の四十九日までの過ごし方だったのです。

四十九日までは、魂はまだ私たちのそばにいる。七人の仏様と出会い、無事に仏の世界に旅立つことができるよう、ともに修行につき添ってあげること。それが残された者の役割でもあるのです。

大切な人を亡くしたとき、すぐに心の整理ができるでしょうか。無事に葬儀を終えたとしても、それで心が癒されるでしょうか。葬儀の翌日に出社して、これまでと同じような仕事ができるでしょうか。これまでと同じように台所に立ち、食事の支度をすることができるでしょうか。

できるはずはないと私は思います。それでも会社には行かなくてはなりません。家事もサボることはできないでしょう。

これまでと同じ日常生活に、心を埋没させようと思う人もいるかもしれませんが、せめて一緒に修行をしているという気持ちを忘れないことです。

まわりの風景は何ら変わることはありません。「大変でしたね」とかけられる言葉さえも耳には入ってきません。それどころか、かえって気持ちが落ち込んでくる……。抱えきれない悲しみと、ひとりで戦っている気持ちにさえなってくるでしょう。

そんなときだからこそ、強く心に信じてください。

「いま私は、亡くなったあの人と一緒に修行をしているのだ」と。

「自分はまだ仏の世界には行けないけれど、大切な人が仏様に導かれるよう、ともに歩いているのだ」と。

四十九日間をそんな思いで過ごすことで、悲しみを亡くなった人と分け合うことができるのです。

残された者だけが悲しいのではありません。亡くなった人自身の悲しみにも思いを馳せ、一緒に修行をすることです。

百日目には、きっと涙が涸《か》れている

大切な人を見送り、四十九日を迎えるまでの時間というのは、お通夜や葬儀の手配にはじまり、弔問客《ちょうもん》への対応など、慌ただしく過ぎていきます。新しくお墓を造る人は、さらに時間を取られるでしょうし、また七日ごとの法要は執り行わなくても、自宅にきてくれる人がいれば、その応対に追われるでしょう。そうやって忙しく過ごすことで、ほんのひと時、悲しみから逃れることもできるものです。

そうして四十九日を迎える。無事に仏の世界へと送り出した安心感と寂しさ。弔問客は、これを境にぐっと少なくなり、仏壇にお線香をあげにきてくれる人もいなくなる。まわりはすっかりもとの生活に戻っていくなか、まるで自分ひとりが取り残されたような感覚をおぼえます。

「きっとみんなは、もう旅立った人間のことなど忘れているんだ」

つい、そういうふうに考えてしまいます。部屋のなかにぽつんと座り、自分ひとりで悲しみと向き合う時間が増えます。故人の部屋に入れば、そこにはいまだ、生きているかのような息吹が残っています。

故人が着ていた洋服には、懐かしい匂いが残っています。故人が愛用していたたくさんの物たちは、主の帰りを待つかのように息をひそめている。そんな風景を見ると、恐ろしいほどの悲しみに襲われるものです。

もう、涙を抑えることなどできません。耐えていた涙が一気に溢れ出してきます。声を殺すことも忘れて、激しい慟哭《どうこく》がはじまる……。

そんなときは、思いっきり涙を流すことです。声を出して、涙が涸れ果てるまで泣くことです。悲しみに涙を流すこと以外、何も考える必要はありません。

「いつまでも泣いていないで……」とまわりの人たちは言うでしょう。励ますつもりでそう言うでしょう。

しかし、そんな言葉さえ聞くことはありません。

ぐっと涙を飲み込むことなどしないで、心のままに流すことです。涙を飲み込んでも、その涙が消えてなくなるわけではありません。その涙は、けっして心のなかからなくなることはないのです。そんな涙をずっと心に溜めたままで生きていくのは、とてもつらく苦しいことです。

人前で涙は見せたくない。とくに男性ならばそう思って当たり前でしょう。そうであるならば、家に帰ってからひとり、思いっきり泣くことです。お仏壇の前に座って、故人の残した愛用品を握りしめながら、疲れ果てるまで泣くことです。

お別れには、そういう時期が必要なのです。

そしてお別れしてから百日目。流し続けた涙が、ふとした瞬間に涸れることがある。一日のなかで、ほんの一瞬ではありますが、亡き人のことを考えない時間が訪れるようになります。

この百日目のことを、仏教では「卒哭忌《そつこくき》」といいます。文字通り、慟哭の時期を卒業する日です。

つまり、この「卒哭忌」までは、慟哭するように泣いてもかまわないということでもあります。

もう一度歩きはじめるために、思いっきり涙を流すことは大事なのです。深い悲しみからどうすれば逃れられるか、どうすれば涙を流さずに平然としていられるか、どうすれば、亡き人のことを思い出さずにすむのか……。そんな方法を私たち人間は、持ち合わせていません。それなのに多くの人は、悲しみを紛らわせようとします。悲しみから目をそらせようと、仕事に没頭します。涙を流さないように、心にもない笑顔を繕《つくろ》おうとします。悲しみを紛らわすために、さまざまな行動を起こそうとしています。

そんな無理をしないことです。悲しみを紛らわせようとせず、悲しみから逃れようとせず、真正面から悲しみと向き合うことです。

苦しいかもしれません。涙が涸れる日など、こないと思うかもしれません。それでも、そこから逃げることなく、悲しみと向き合うことです。

仏様は、悲しみを癒す方法として、私たちに涙を与えてくれたのではないかと思います。

言葉をかけるときは慎重に

私のお寺の檀家さんで、五十代の男性がいました。その方のお母様が亡くなり、私がご葬儀を執り行ないました。亡くなったお母様は八十歳を超えており、一般的にいえば大往生ということになるでしょう。

葬儀が無事に終わったあと、その男性が私にこう言いました。

「母はもう十分に生きましたから、大往生だと思います。でも、いくら歳をとっていたとしても、やっぱり母親を失うというのはつらいものですね。私はこれまでに、同僚や取引先の人などのご両親の葬儀に多く出席してきました。口ではお悔やみを言いながらも、心のどこかでは、もう歳なんだから悲しくはないだろうと思っていた。でもそれが間違いであることが、自分の母を亡くしてよくわかりました。これまで自分が言ってきた心のこもっていないお悔やみの言葉を、いま反省しています」と。

とても心根のやさしい人だと思います。

その男性が言うように、他人の悲しみは測り知ることなどできません。まして自分に経験のない悲しみなど、わかるはずはないのです。

自分の両親が元気な人には、両親を亡くした人の悲しみはわからない。自分の子どもが元気に育っている人には、病を抱えている子をもつ親の心はわかりません。想像することはできるかもしれませんが、それもあくまでも想像にすぎない。他人の悲しみや苦しみを理解することは、それほどに難しいことなのです。

葬儀に出席して、ご遺族の人にお声をかける。お悔やみの言葉を述べる。これらはごく当たり前のことですが、じつはとても難しいことだと思うのです。

お悔やみを言う人は、何とか相手の気持ちを和らげてもらおうという気持ちがあります。まして親しい仲であれば、なおさら元気づけようと、いろいろ声をかけたりもするでしょう。

しかし、ともすればそのお悔やみの言葉さえも、相手の心には矢のように突き刺さることもあるかもしれません。上辺だけ言葉を並べれば並べるほどに、受け取る側の悲しみが膨らむこともあります。

夫や妻を亡くして、憔悴しきっているご遺族に向かってかける言葉などありません。かける言葉が見つからないのであれば、「御愁傷様でした」のひと言だけを伝えることだと思います。

私の知人が、三十代のときに祖母を亡くしました。彼は祖母の葬儀に出席するために、人事部に報告に行きました。会社で認められている三日間の忌引《きびき》を申請するためです。

「たいへんだね」と人事部の担当者が言います。

「いえ、もう九十歳を過ぎていますから、大往生ですよ」彼は笑顔を繕って答えます。

そして人事部の部屋を出たとき、中から話し声が聞こえてきました。

「九十過ぎの婆さんが死んだくらいで、よく三日も休みが取れるな。ちょこっと葬式に出るだけで十分だろ」

その会話を耳にした彼は、胸をかきむしられる思いがしたと言います。彼には母親がいません。幼いころに亡くなった母親に代わって、愛情を注いでくれていたのが祖母でした。彼にとって祖母は、まさに母親そのものだったのです。

何気なく発したひと言が、思いのほかに人を傷つけることがあります。

誰かの死に対して、残された人にかけるお悔やみの言葉は、慎重になることです。想像や思い込みだけで、その人の心を量《はか》ってはいけません。自分が経験もしていないのに、上辺だけの慰めは言ってはいけません。言葉などなくても、相手の心に寄り添うことは十分にできるものです。

その一方では、慰めの言葉がほしいこともあるでしょう。少しでも心が癒える言葉を求めることもあります。そんなときには、同じ境遇を味わったことのある人たちとの縁を結ぶことです。

自分だけが苦しみのなかにいる。自分ひとりが大きな悲しみを抱えている。そう思い込まないで、外の世界へ出てみることです。

外の世界には、同じ悲しみを抱えながら生きている人たちが必ずいます。同じ病で家族を亡くしたり、同じような事故で家族を失った人たちが必ずいるものです。そういう人たちとの縁を求めてみることです。

「同病相哀れむ《どうびょうあいあわ》」という言葉があります。同じ境遇に苦しむ人たちが、お互いに「苦しかったね」「つらかったね」と慰め合うという意味です。慰め合うこともすると、この言葉にはマイナスの印象があるようですが、私はそれがマイナスだとは思いません。

同じ境遇を味わった同士だからこそ、悲しみの心を開くこともできるでしょう。同じ経験をしたからこそ、悲しみを共有することもできます。

悲しみや苦しみを分かち合うことで、人はまた強くなれるものです。

ゆっくりと、受け止めていく

人間は百パーセント死を迎えます。それは小学生でも知っていることです。

そして、死というものは、いつどんなかたちで訪れるかわかりません。

ある日突然に余命を宣告されることもあるでしょう。理不尽な事故に巻き込まれて命を落とすこともあるでしょう。

現実には、世界中で毎日誰かが死を迎えています。ひとりの人間も死なない日などは、けっしてありません。そんなことは頭では理解しつつも、人は自分の死には楽観しています。

たとえば飛行機事故で、何人もの人が命を落としたというニュースをテレビで見たとしましょう。

事故というのは、常にある一定の確率で起きることは誰もが知っているにもかかわらず、悲惨なニュースを見てもなお、私たちは事故が起こった翌日には飛行機に乗り込みます。多少の不安はあるとしても、自分が乗っている飛行機だけは大丈夫だという気持ちがあるからです。自分は事故には遭わないと信じている。それが人間の心理というものです。

死は常に身近に存在しています。しかし、自分のところには巡ってこない。いや、巡ってきてほしくない。そんな危うい望みを抱きながら、私たちは生きているのです。たとえ余命三か月を宣告されたとしても、一パーセントの望みを捨てる人はいないでしょう。もしかしたら半年は生きることができるかもしれない。いや、奇跡的に病が回復して、数年先まで生きることができるかもしれない……と。

身近に迫った死に対してさえ、人は信じることができないものです。しかし、死を百パーセント受け入れることができないからこそ、そこに生きる力が湧いてくるのかもしれません。

生きることを願い、死が自分にだけはやってこないと思うことは、人間の弱さではなく、強さではないかと私は思うのです。

かつて高僧と呼ばれた僧侶がいました。厳しい修行を重ねて、まさに悟りを開いたような人物です。悟りを開くということは、すなわち仏になるということです。生きながらにして仏となる。それは僧侶としての最高到達点でもあるのです。

その高僧が、いよいよ死を迎えるということになった。多くの弟子たちが彼の枕元に集まり、命が尽きるそのときを待っています。

こんなに立派な高僧なのだから、さぞ安らかな最期を迎えるだろう。最期にどんな素晴らしい言葉を弟子たちに残してくれるのだろうか……。

たくさんの弟子が僧侶の口元を注視していました。

そうして、いよいよ最期のときがやってきます。高僧はまさに最期の瞬間に、こう言ったのです。

「死にとうない」

これほどまで修行を重ね、生き仏と尊敬されている僧侶でさえ、最後は「死にたくない」と言った。それが人間というものです。

死は厳然たるものではありますが、まだまだ自分のところにはやってこないと思う。とくに十代や二十代のころには、健康である限り自らの死を意識することはないでしょう。たとえどんな大きな災害が起こったとしても、自分は助かるだろうと信じてやまない。それが若さというものでしょう。

ところが年齢を重ねるにつれて、死が少しずつ近い存在になってきます。五十代、六十代になれば、身体の変調が起きてくる。体力も失われていき、いろんな病を抱えたりもします。

ちょっとずつ弱っていくわが身を感じながら、人は死を意識するようになります。自分はまだまだ死なないと思いつつも、もしかしたらあと二十年も生きられないかもしれない。九十歳まで生きていたいけれど、それはさすがに無理かもしれない……。そうやって揺れ動きながら、ゆっくりと死をわが事として考えるようになります。

これはマイナスのことではありません。やがて訪れるであろう自らの死を、ゆっくりと受けとめていく。残された時間を意識することで、いまというこの瞬間を愛《いと》おしく思うことができるのです。

その後も、ともに人生を歩き続ける

「定命《じょうみょう》」という言葉があります。

人はみんな、生まれたときに定められた命があるという意味です。定命が十年の人もいれば五十年の人もいる。あるいは百年の定命を持って生まれてくる人もいる。それは抗《あらが》うことのできない定めであり、受け入れざるを得ないものと、仏教では考えています。

しかし現実には、なかなか受け入れがたいこともあります。

たとえば九十歳で亡くなった人に対して、「それが定命だったのです」と言われれば、残された人は、悲しみは変わらなくても、どこかで納得ができるでしょう。静かな気持ちでお別れをすることができるものです。

しかし、四十歳の若さで旅立った人に対して、「これが定命ですよ」と言われても、とても受け入れることなどできません。まして幼い子どもを亡くした親にとって、「定命」という言葉は慰めにはならないものです。

わが子の死を前にして、もう二度と戻ってこないことはわかっている。どこかで受け入れなければならないこともわかっている。それでも「どうして?」という気持ちは消えることなどありません。

どうして自分だけが、こんなにもつらい目に遭わなくてはならないのか、どうしてわが子だけが、こんなにも早く逝かなくてはならないのか……。

いったいどうすれば、この悲しみを癒すことができるのでしょうか。

ある逸話を紹介しましょう。

その昔、お釈迦様が布教のために行脚《あんぎゃ》をしていました。いろんな土地を巡り、多くの人たちの苦しみを救っていました。

ひとりの女性が、お釈迦様のところにやってきて、泣きながら訴えました。

「私は幼いわが子を亡くしました。その苦しみにとても耐えることができません。お釈迦様は私たちの願いを叶えてくれると聞きました。お願いです。私の子どもを生き返らせてください。子どもが生き返るためなら、私はどんなことでもします」と。

その女性にお釈迦様は答えました。

「わかりました。それでは、いまから遡《さかのぼ》って三十年間、ひとりの肉親も死んでいないという家族を探してきてください。その家から灰をもらってきてください。その灰があれば、あなたの望みを叶えてあげます」

女性は村中の家を訪ね歩きました。三十年間、誰ひとりとして家族が死んでいないという家を探して歩きまわりました。

村のなかでは見つからず、隣の村をも歩きまわりました。何か月もかけて、一軒一軒訪ね歩いた。そのなかには、女性と同じように子どもを亡くした母親もたくさんいました。なかにはご主人と子どもをいっぺんに亡くした女性もいました。

そしてとうとう、彼女は三十年間に誰も家族を亡くしていないという家を見つけることはできませんでした。

「悲しみを背負っているのは、自分だけではないんだ」

そのことに気づいたとき、彼女はやっとわが子の死を受け入れることができたのです。

大切な人を失う悲しみ。その悲しみのない人など、この世界にはいない。いま生きているすべての人が、心のなかに苦しみと悲しみを抱いている――。

お釈迦様が伝えたかったのは、このことだったのです。

そして、そこに思いを馳せることこそが、お釈迦様が授けようとしていた「生きるための智慧《ちえ》」なのです。

さらに言えば、悲しみの先に何があるかを「智慧」は教えています。気が狂うほどの悲しみの先には何があるのか。そこからどう生きていけばいいのか……。

その知慧とは、亡くなった人の思いを受け継ぐことです。

「あの子が授かった命は、これだけの長さだったんだ。この短い命のなかで、きっとやり残したことがたくさんあるはず。やりたかったことが山ほどあるはず。そうであるならば、自分があの子に代わってやってあげよう。あの子の魂といつも一緒にいながら、ともに人生を歩いていこう」

その思いに至ったとき、人は大切な人の死を受け入れることができるのかもしれません。

肉体は定命によって滅びたとしても、心のなかに亡くなった人の魂は生きている。そう信じることで、悲しみの先に道が見えてくるのです。

愛する人との別れに苦しみもがいているのは、自分ひとりだけではありません。生きているすべての人が、みんな同じような境遇にあります。そうであるからこそ、人間同士の心につながりが生まれてくるのです。

一本の糸を手繰《たぐ》っていけば、必ず同じ悲しみを抱えている人につながっています、その糸を切ってはいけません。つながりの糸を切ることは、社会のなかで孤立してしまうことです。そして孤立こそが、苦しみと悲しみを増大させてしまうのです。

お釈迦様に言われて、家々を訪ね歩いた女性のように、出会った人たちの心の扉をそっとノックしてみることです。

自分を責めてはいけません

時として、残された人が自分自身を責めるということがあります。大きな災害が起こったときには、そういう人が多くいます。もしかしたら、いまだに自分を責めている人もいるかもしれません。

大きな地震や津波に襲われたあのとき。家族を一瞬にして失った人がたくさんいます。残された人たちは、どんな思いにとらわれているでしょう。

「もしあのとき、もっと早く学校に迎えに行ってあげていたら……」「津波警報が鳴り響いた瞬間に、力ずくでも家から連れ出していたら……」「もしもあの日、会社を早退していたら……」

そんな「もしも」が、まるで地響きのように聞こえてきます。

わが子を死なせてしまったのは自分のせいだ。両親を助けられなかったのは自分の判断ミスだ。同僚たちを死に追いやったのは自分の力が足りなかったからだ……。

そんな思いをもち続けている人が、まだまだたくさんいるかもしれません。

しかし、そんな姿を見て、亡くなった人は喜ぶでしょうか。

「私が死んでしまったのは、けっしてあなたのせいではないんですよ。もしも手を差し伸べてくれたとしても、私は助からなかった。それが私の定命なのです。ですから、あなたは自分を責めてはいけない。もっと前を向いて、人生を歩いてほしい」

そんな声が天から聞こえてくるような気がします。

自分を責めてしまう気持ちは、災害ばかりに限ったことではありません。亡くなった人への後悔の念というのは、残された者はみんなどこかに持っているものなのです。

「孝行の、したい時分に親はなし」とは昔からいわれている言葉です。

若い頃には、親孝行など考えないものです。親に対してはとてもわがままで、自分のやりたい放題。優しい言葉をかけることもなく、それどころか反発するばかり。親の優しささえも鬱陶《うっとう》しく思い、悪態ばかりをついてきた。そういう人は多いのではないでしょうか。

やがて自分も大人となって、両親が旅立つ日がやってきます。

死にゆく親の姿を目の前に、後悔ばかりが押し寄せてくる。

「どうしてあのとき、あんなことを言ってしまったのだろう」

「どうしてもっと、優しい言葉をかけてあげられなかったのか」

「これから親孝行をしようと思っていたのに」

「ごめんね、母さん……」

自分を責める気持ちと、後悔の思いが溢れ出てきます。親が亡くなるそのときになって、はじめて親の深い愛情が身にしみてわかる。それが人間の心情というものかもしれません。

それでも、ほとんどの親は、子どもの後悔など欲してはいないのではないでしょうか。というよりも、子どもから優しい言葉など望んでもいない。ただ元気で、幸せに暮らしてくれていればいい。親孝行などしなくても、頑張って生きていてくれればいい。それがいちばんの親孝行だと思っているものです。

子どもが親不孝な振る舞いをしても、親のわが子への愛情は失われることはありません。それが親の心です。

「あなたが私にしてきたこと。そしてしてくれなかったこと。それを後悔する必要などないのよ。あなたが私の子どもとして生まれてきてくれた。ただそれだけで、私は十分に幸せだったのだから」

きっと両親は、あなたに向かってそう言うでしょう。

どんな時代になろうと、どんなに社会が変わろうと、親の子どもに対する愛情は変わりません。そしてあなたの両親もまた、自分の親を亡くしたときには、同じようにチクチクするような後悔に苛《さいな》まれたものなのです。

亡くなった人に対して後悔の念をもつということは、すなわちその人を愛していたがゆえのことです。愛していればこそ、もっとできることがあったという後悔が生まれてくる。それはぬぐい去ることのできない感情です。

そういう意味で、亡くなった人への後悔の思いは、けっしてマイナスの感情ではありません。ですから後悔に押しつぶされることなく、その気持ちを弔《とむら》いの心につなげていくことです。

亡くなった人たちを思い出し、お線香をあげる。お墓参りに行き、元気でやってますよと報告をする。いつも亡き人の思いを抱きながら、与えられた時間を一生懸命に生きていく。そういう生き方をしていくなかで、やがて後悔の念は薄らいでいくのだと思います。

自分を責める気持ちや、もっとこうしてあげれば良かったと後悔する気持ち。その気持ちは、すべての人の心にあるものです。

その気持ちを無理やりに捨て去る必要はありません。反対に、それに縛られてもいけません。
その気持ちとしっかり向き合いながら、時間をかけてお別れをすることが大切なのだと思います。

ろうそくの灯《あ》かりが、消えるがごとく

私たちはみんな、頭の上に一本のろうそくをもっています。生まれたときにそのろうそくがともり、灯かりが消えたときに死を迎える。仏教では人間の命をそのように喩《たと》えています。

ろうそくにはいろんな種類があります。太くて短いものもあれば、長く細いものもあります。

その灯かりもいろいろです。ものすごい勢いで炎がともり、短い時間で燃え尽きてしまうろうそくもあれば、頼りなげな炎がいつまでもともっているろうそくもあります。

いずれにせよ、私たちはそれぞれがもっているろうそくが燃え尽きるまで、一生懸命に生きることが大事なのです。

ところが現代では、医学の発達によって、ろうそくの炎さえ人工的にともし続けるようになりました。すでにその人のろうそくは寿命を迎えているのに、医学の力によって消えることがない――。つまりは延命措置です。

もちろん医師の仕事は、命を救うことです。どんなに消えそうな命でも、可能性がある限り生かし続けようとする。それが医師という職業の使命です。

しかし最近では、延命措置をしないでほしいという覚書を残す人も多いといいます。身体中にチューブを入れられ、機械によって心臓が動いている。そんなことをしてまで、ろうそくの灯かりを燃やし続けたくはないという思いからでしょう。

ろうそくの灯かりが静かに消え入るように、命のともしびが消えていく。本来はそれが、人間としての命の終わりではないかと私は感じています。

つい最近のことです。私のお寺で、四代にわたって住職に仕えてくれた婆やがいました。元気なときは、いつも境内の草取りをしてくれていましたが、百歳を超え、婆やはお寺の近くにある施設で暮らしていました。

もともとは茨城の出身ですが、お世話をしてくれる身寄りは近くにはいません。妹さんが茨城にいらっしゃいますが、妹さんもまた九十歳近くで、とても姉の面倒をみることなどできない。そこで私の母親が中心となり、私と弟、そして妹の三人の子どもたちが、最期を看取ろうと思い、近くにいてもらうことにしたのです。

ある日、その施設から連絡が入りました。

「もうそろそろ、危ない状態だと思います」

私も幼いころからお世話になった人です。その人のろうそくの灯かりが消えるとき、ひとりにはさせたくなかった。ですから私たちは、最期を迎えるときに誰かがそばにいて手を握っていてあげたいと思い、交代で婆やのそばにいることにしたのです。

いよいよというときがきました。

私たちは、昼過ぎに駆けつけました。婆やはベッドの上で、静かに横になっています。脈は次第にゆっくりになっていきます。心臓の鼓動が一瞬止まり、私の娘が声をかけます。

「おばさん（婆やのこと）！　しっかり！」

すると不思議なことに、心臓の鼓動が力強くなるのです。意識はありませんから、話すことも私たちの手を握ることもできません。それなのに、娘の声は確かに聞こえている。医学的には、そんなことはないと言われるかもしれません。しかし私は、婆やには娘の声が届いていたと信じています。

私たちの声を聞いては、少しだけ呼吸も穏やかになる。そんなことを幾度か繰り返したあとに、婆やは静かに息を引き取りました。ほんとうに、ろうそくの灯かりがすーっと消え入るような、静かで穏やかな最期でした。

かつての日本では、このような最期がごく普通のものでした。家族にいつものように言葉をかけられ、そんな声を聞きながら、家族に見守られて安らかな心で旅立っていったのです。

そして家族もまた、だんだんと弱っていく姿を見ながら、ゆっくりと心の準備を整えていきました。実に穏やかで、幸福な見送り方だと思います。

いまでも多くの人は、自宅で最期を迎えたいという希望をもっています。しかし残念ながら、その希望が叶えられる人はとても少ないと聞きます。八十パーセントの人は、病院で最期を迎える時代になりました。

もちろん、病院よりも自宅で亡くなるほうが幸せだとは、必ずしも言えません。また延命措置などは不要だとも言いきれません。どんな最期を選ぶかは、本人やそれぞれの家族の自由です。ただ、自分の希望だけは伝えておくことです。

自分のろうそくの灯かりが消える瞬間、誰にそばにいてほしいのか。どんな見送りをしてほしいのか……。

お別れのことを考えるなど縁起が悪い。生きている間から、死のことなど考えたくない。多くの人がそう言います。

しかし、それは少し違います。なぜなら、死を考えることは、すなわち生を考えることだからです。

第2章

大切な人との
お別れが近いあなたへ

悔いを残さないお別れとは

少し前の日本は、死が日常のなかにありました。ほとんどの人が病院ではなく、家族が暮らしている家のなかで死を迎えていました。そういう意味で、死がとても身近にあったのです。

お爺さん、お婆さんが歳をとっていく。徐々に身体が弱っていき、やがて床から起き上がれなくなる。孫たちは学校から家に帰ると、まずお爺さんが寝ている部屋を覗《のぞ》きます。

「ただいま」と声をかけると、「おかえり」とにっこりと返してくれる。そしてその「おかえり」の声も、日に日に小さくなっていく。

孫たちは、詳しい病状などは知りません。しかし彼らなりに、お爺さんの死が遠くないことは理解できたものです。握っていた手がだんだんと冷たくなって、微かな息使いも聞こえなくなる。「人が死ぬとは、こういうことなんだ」。

悲しみと一緒に、幼い孫たちもまた、多くのことをお爺さんの最期から学んでいったのです。

現代では、このような三世代同居というかたちが薄れ、それぞれが独立した家庭で生活しています。ですから孫たちが祖父母に会えるのは、せいぜい一年に一度か二度くらいのものです。お盆やお正月に帰省するだけでも、それが遠方ならそれだけたいへんな労力しお金がかかりますから、仕方のないことかもしれません。

一年に一度しか祖父母に会えない孫にとって、帰省は楽しみなことでもあります。ただし、それはイベントとしての楽しみに似ています。

飛行機や列車を乗り継いで、自分が住む町とはまったく別の世界へと行く。子どもたちにとってそれは、遊園地に行くことと同じ感覚なのです。つまり、日常生活の外側に祖父母の存在がある。そんな世の中になっているのだと思います。

ですから、元気だった祖父母が徐々に弱っていくという、そんな姿を見ることはできません。去年の夏休みにはあんなに元気だったお爺さんが、今年行ってみれば、寝たきりになっていた。それまでのプロセスを知らない孫は、変わり果てた姿に恐怖心さえ抱きます。

そして、次にお爺さんと会ったときは、すでに棺桶《かんおけ》の中で眠っていた。そんなことが当たり前になってきたようです。

孫たちが接しているのは、点のような一場面でしかありません。まるで見そこなった連続ドラマのように、物語が知らぬ間に進んでしまったようなものです。老いというプロセスを見ていない子どもにとっては、お爺さんの死はまるで別世界の出来事のように映っているのではないでしょうか。

いまという時代は、日常から死が遠ざかっている時代、死を実感しにくい時代なのかもしれません。もしかすると、そういう環境こそが、別れの悲しみを引きずるひとつの原因になっているのではないかと私は思います。

そして、この「点」でしか別れをとらえることができないのは、何も孫たちばかりではありません。その前の世代、つまり祖父母を見送る両親にとっても、同じような環境に置かれているのです。

私の知り合いの話をしましょう。

Cさんは四十五歳のビジネスマンです。一年前に父親をがんで亡くしました。「余命六か月です」と医師からは宣告されていました。ですからできるだけ父親のそばにいてあげたい。そう心では思っていても、Cさんが勤めている会社は東京、実家は神戸です。毎週末に帰ろうと思っても、現実的にはなかなか難しいものです。休日出勤の日もあるうえ、新幹線での往復にもお金がかかります。一度の往復で約三万円の交通費は、家計には負担となる金額でした。

それでも二週間に一度は神戸に帰るようにしていたそうです。

医師の宣告から七か月が過ぎたころ、母親から電話がかかりました。

「もうそろそろ危ないから、明日にでも帰ってきてほしい」

その電話がかかってきたのは、週の半ばの水曜日でした。すぐに帰るとなれば、木曜日と金曜日は会社を休まなくてはなりません。しかしながら、金曜日には大切な取引が予定されているので、とても休むわけにはいかない……。

「明日帰るのは無理だよ。土曜日には帰るようにするから」

当たり前のようにCさんは母親に言いました。

「お父さんの最期は、あなたにも看取ってほしいのよ」

母は消え入るような声でそう言いました。

帰りたいとは思うけど、会社を休むことなんてできない。明日死ぬとも決まっていないのに、そんなことは理由にはならない。がんという病気は急変などしないだろうから、いつものように週末に帰ればいい……。Cさんはそう判断をしました。

木曜日と金曜日の二日間、Cさんはとにかく仕事をこなしました。そして土曜日の朝、新幹線に乗りました。朝一番の新幹線に乗るつもりが、どうしても起きられなくて、昼に到着する列車になってしまいました。

そして名古屋の少し手前に差しかかったとき、Cさんの携帯電話が鳴りました。聞こえてきたのは妹さんの声でした。

「兄さん。いま父さんが亡くなったよ」

父が亡くなった時間、それは朝一番の新幹線に乗っていたら、ちょうど家に着く時間でした。

それから二年が経ちました。Cさんの心には、後悔の思いが棘《とげ》のように刺さっていると言います。

どうして、会社を休まなかったのだろう。たった二日、会社を休むことさえ自分はしなかった。それは会社のせいではない。自分のせいだ……。余命を宣告されてからの七か月間、自分は父に十分なお別れをすることができたのだろうか。自分の帰りを、もしかしたら父は待っていたのではないだろうか……。そういう思いにいまも苛まれているのです。

私はCさんのことを責める気持ちにはとてもなれません。昔のように、亡くなるその日までそばにいてあげることなど、誰にでもできることではないでしょう。最期のときを家族みんなで看取ることができる人のほうが、圧倒的に少ないと思います。

しかし、そういう時代だからこそ、できる限りのことをすることです。お見舞いに行けない理由ばかりを探すのではなく、行ってあげることを第一に考える。残り少ない時間であれば、せめて時間や手間やお金を惜しむことなく、手を握りに行ってあげることです。

大切な人とのお別れの瞬間。それは人生でたった一度しか訪れません。もう二度と会うことはできないのですから。

その瞬間よりも大事なことが、世の中にあるでしょうか。

「思い出」と「ありがとう」を文字にして渡す

相手に思いを伝えるには、いくつかの方法があります。いちばん直接的なのは、もちろん面と向かって言葉で伝えること。寝たきりになっている母親に対して、「今日の調子はどう？　どこか痛いところはない？」とたずねる。子どもからのそんな言葉を聞くだけで、もう少し頑張ってみようと思ったりもするでしょう。

もうひとつは、肌を触れ合わせることです。手を握ったり、背中をさすってあげる。言葉などなくても、温かな心が通じ合うでしょう。

死を覚悟しはじめた人は、不安感と恐怖心に襲われます。どうしようもないことはわかっていても、そのときが訪れることへの恐怖。これは当たり前の感情です。その不安感や恐怖心を、たったひとときでも和らげてくれるのが、肌と肌との触れ合いだと思います。

幼いころ、風邪をひいて熱が出て、苦しくてつらくて、もしかしたら自分は死んでしまうのではと考えてしまったとき、お母さんがおでこに当ててくれた手のぬくもりで、気持ちがすーっと落ち着いた……。そんな思い出が誰にでもあるのではないでしょうか。

そしてまた、思いを伝えるもっひとつの方法として、文字があります。何も長い手紙でなくてもかまいません。ちょっとしたメモ程度でいいのです。伝えたいことや思ったことを、文字にして渡してあげることです。

たとえば母親が入院しているとしましょう。お見舞いにきましたが、母はぐっすり眠っていた。そんなとき、無理やり起こすことはできませんから、看護師さんによろしくと伝えて帰る。お見舞いにきたことは、あとで看護師さんが伝えてくれるだろうと、何となくそのまま帰ってしまう……。そんなことが多いように思います。

そんなときには、一行でいいから文字を残しておくことです。

「寝ているようだから、起こさないで帰るね。また明日の昼ごろにくるからね」

「明日は幼稚園の参観日だから、お見舞いにはこられません。明後日には寄れると思うから、待っててね」

こんなたった一枚のメモが、お母さんにとっては、きっと大切なものに感じられるでしょう。文字とは不思議なもので、どんどんとイメージが広がってくるからです。

「幼稚園の参観日」という文字を見ているだけで、まるで自分も参観に出かけているような気持ちになる。園内を走りまわる孫の姿が、鮮明に脳裏をよぎります。

「明日の昼ごろにくるから」というメモを何度も読み返しながら、まだかまだかと待っている。頑張って昼は起きていよう、という力さえ湧き出てくるでしよう。

愛する人からの一行のメッセージが、生きる力につながっていくこともあると、私は信じています。

また、「思い出のメモ」を、たくさん書いてあげてください。長い文章は読んでいて疲れるでしょうから、ほんの一行か二行でいいのです。

「お母さんがつくってくれたカレーが大好きだったよ」「小学生のときに買ってもらった絵本。まだ大事に持っているよ」「母さんから言われたこと、守っているからね」「あのとき、私を応援してくれてありがとう」……。

たくさんの「思い出」と「ありがとう」を文字に書いてあげてください。

一枚一枚を読み返しながら、楽しかった日々が蘇ってくる。まるで昨日のことのように、人生の輝きが戻ってくる。

そしてきっと、その愛する人からのメモを読んでいるときには、不安感や恐怖心はどこかに飛んでいっているはずです。

直接言葉でお礼を言うのもいい。手を握りしめるだけでもいい。そして、ともに生きてきた思い出を文字で伝えることもいい。

時には感情的になって涙を流してもかまいません。できる限りの手段を使って、旅立って行く人への感謝の気持ちを伝えることです。

エンディング・ノートのすすめ

自分の身に何かが起こったときのために、残された家族に向かってメッセージを書き記しておく。かつてはこれを「遺書」とか「遺言」と呼んでいました。これらの言葉の響きは、あまり気分が良いものではないからでしょうか。それらを文書で残す人は少なかったと思います。

ところが「エンディング・ノート」という呼び方がされるようになり、いまや書店でもエンディング・ノートに関する本がたくさん並ぶようになりました。とてもいいことだと私は思っています。

まだ自分が元気なときに、はっきりとした頭で考えることができるうちに、家族に対するメッセージを書きとめておくことです。たとえば寝たきりになって、意識さえも失われたとき、延命措置を望むのか、それとも自然に亡くなることを望むのか。自分の最期はどのように迎えたいのか……。それらを明確に文字にしておくのです。

家族にとっては、延命措置を続けるか、それとも措置をやめてお別れをするかという選択は、非常につらい決断になります。兄弟姉妹のなかでも意見が分かれることもあるでしょう。

残された者の心の負担をできるだけ軽くするためにも、最期のメッセージとしてエンディング・ノートを残したほうがいい。言葉で伝えるだけでは不十分なのです。

たとえば長男にだけ「延命措置はしないでほしい」と言葉で伝えていたとしても、ほかの兄弟は、それを信じないかもしれません。

「もしかしたら兄貴は、これ以上の治療費を払いたくないと思っているのかもしれない」。そんな穿《うが》った見方も出てきます。

「うちのきょうだいは仲がいいので、そんなことあるはずはない」と思うでしょう。もちろん通常の精神状態のときには、そんな邪《よこしま》な考えは思いもつきません。しかし、大切な人が死に向かっているときというのは、誰しも平常心ではいられないことがあります。普段なら思いもつかないような言葉が、口をついて出てきたり、自分でも抑えきれないような感情が湧き出てきたりするものです。

そんなときに、みんなの心をひとつにしてくれるのが、エンディング・ノートだと私は思います。

「大往生」という言い方がありますが、この言葉に明確な定義はありません。一般的な解釈としては、平均寿命をはるかに超えて、眠るように亡くなるということになるでしょう。

しかし、そんな幸福な最期を迎える人はとても少ない。多くの人は、まだまだ思いを残しながら亡くなっていきます。そしてまわりの人も、あと一年でもいいから生きてほしいと望んでいる……。その希望が叶わなかったとき、私たちは「大往生」という言葉を口にしながら、死を納得するのではないでしょうか。

もし自分が、死が近くにきていると感じているなら、残される人たちに思いを寄せることです。自分の死を自分で納得する。そのことだけに目を向けずに、残された家族が納得できるような言葉を残してあげることです。

エンディング・ノートにしたためられた、たった一行の言葉が家族の心を救うことがある。心を込めた、精いっぱいの優しさを詰め込んだノートを残すことです。

分からなくなったままお別れしたくない

高齢化社会になり、歳老いた親の介護問題は、多くの人にとって悩みの種になってきました。自分も若くはないのに、加えて親の介護をするのは大変なことです。まして親が病気を患《わずら》っていたなら、精神的にも参ってしまうでしょう。

なかでも認知症は、自分の家族さえも忘れてしまいますから、毎日、世話をする身にとっては、気持ちはつらくなるばかり。娘を娘とわかってくれないのですから、いったい自分は何をしているのだろうと思うでしょう。変わり果てた親の姿を見ながらの介護は、心身ともに疲労がつのり、それが原因で「介護うつ」に陥る人も多いと聞きます。

人生の最期のときに、家族のことさえ忘れ、一言の別れも言うことができない。それは亡くなるほうも看取るほうも、双方にとって深い悲しみとなります。たとえ身体は弱っても、家族を、愛する人を忘れたくはない……。そう望んでいる人も多いのではないでしょうか。

ある専門医によると、若年性の認知症は脳機能の障害から発するそうです。これは明らかな病気で、いまのところ予防法はありません。

しかし、ある程度の年齢から発症する認知症の多くは、いわゆる生活習慣病だとおっしゃっています。つまり、認知症にかかる人は、かかりやすいような生活をしているということです。

もっとも顕著な例として、農業や漁業を営んでいる人たちは、極端に認知症が少ないというデータがあります。

農家の人たちには定年などありません。高齢になって腰が曲がっても、自分の体力に合わせながら畑仕事ができます。若夫婦が畑に出ているときには、代わりに孫の面倒も見なければなりません。生活するために、自分に与えられた仕事がある。それが生きがいとなって、おそらくは脳が活性化されるのだと思います。

ところが、都会での生活はとにかく暇をもて余してしまいます。とくに定年後の男性は、家にいてもすることがありません。朝食を食べて、新聞に目を通したら、それでやることがなくなる。地域社会に友人がいない人は、妻以外に話し相手もいません。

会話をしないということは、脳の働きにとって非常に悪いものです。やがて考える力が失われ、認知症への道を歩みはじめる。これがまさに生活習慣病なのでしょう。

私のお寺のお檀家さんで、よくお参りにこられていた男性がいました。一流大学を卒業して、一流自動車メーカーで技術職として働いていました。いわゆるエリートといわれる男性です。いつも颯爽《さっそう》として、自信に満ち溢れていました。

そして迎えた定年。最初のころはお寺にお参りにこられていたのですが、そのうち足が遠のきました。少し気になりましたので、奥様に「どうされてますか」と聞いてみると、不安そうなお顔で言いました。

「じつは、定年後はずっと家に閉じこもったままでした。私も放っておいたのですが、半年ほど経ったときに、主人の言葉が出てこなくなったのです。何かを言おうとしているのに、口がもつれて言葉にならないのです。驚いて病院に連れていったのですが、結果はうつのはじまりでした。幸いいまは回復に向かっていますが、これが認知症につながっていくんですね」

日がな家にいて誰とも喋らず、唯一の話し相手の奥様との会話も、何やら技術的なことばかりだそうです。奥様には理解できませんから、話も弾みません。だんだんと会話がなくなり、とうとう自分の殻に閉じこもってしまった。四十年近くも、会社の第一線で仕事をしてきましたから、社会に貢献してきたというプライドも邪魔していたのかもしれません。

この方に限った話ではなく、このような男性は多いのではないでしょうか。そしてこれは男性だけではなく、キャリアをもった女性も同じでしょう。

そのプライドは、捨てることはありません。自分がやってきたことに自信をもつことは素晴らしいことです。

しかし、わきまえておかなくてはいけないことは、現場を三年も離れれば、積み重ねてきたキャリアや知識など、何の役にも立たないということです。会社を辞めた翌日から、その人に代わって、新しいメンバーで会社は動きはじめます。その現実をしっかりと受けとめることだと思います。

そしてもうひとつ。定年は、人生の終着駅ではありません。そこは単なる乗換駅に過ぎないのです。いまは六十五歳で定年になり、それ以降は、次の列車に乗らなければなりません。

そして今度は、自分が乗る列車は自分で選ぶことができるのです。

特急列車に乗ってみようか。それとも各駅停車でのんびり行こうか。自分が好きな人生を歩んでいくことができます。

この素晴らしい人生を、生活習慣病などで台無しにはしたくないものです。

「第二の人生」を充実させることが、幸せなお別れにつながっていくのだと思います。

しばらく経って、その男性が久しぶりにお参りにいらっしゃいました。回復はされているのでしょうが、明らかに現役のころより覇気がありません。まだ過去の自分にしがみついているように感じました。

彼が私のところに挨拶にみえました。

「ご住職。ご無沙汰しています。何とかやっていますが、まだまだ本調子ではありません。でも、こうしてご住職とお話ししているだけで、心が癒される思いです」

男性は早朝の木漏れ日を眩《まぶ》しそうに眺めながら、そう言われました。私は静かに言葉をかけました。

「いま、私が話している相手は、過去のあなたではありませんよ。いま現在のあなたと話をしているのですよ」

男性の表情が、一瞬ハッとしたように見えました。

人は、いつ旅立ってもおかしくない

おおよそ六十歳を過ぎると、社会の第一線から離れます。子どもたちも独立し、これまで抱えてきた義務からも解放されます。身体も元気ですし、気力も残っていますから、まだまだ隠居するには早い。さて、これから八十歳までの二十年間、どのような人生を過ごそうかと考えたとき、それは楽しみでもあり、また不安でもあるかもしれません。

社会で働いているときには、やるべきことが常に日の前にあります。仕事に追われ、家に帰れば子育ても待っている。若いころは人生の行く末について考える暇もありません。しかし、忙しさに追われているときは、あまり苦にはなりません。やるべきことを考えなくても、与えられるままに突き進めばいいからです。要するに、流れてくる波に乗っていればいいのですから。

ところが六十歳を過ぎれば、やるべきことが極端に少なくなっていきます。

毎日行かなければならない場所もなく、今日やらなくてはならないという仕事もありません。また、何かをやりたいと思っても、つい面倒になって先延ばしにしてしまう。そうやって、だらだらとした日々が過ぎていく……。こういう過ごし方をしている人もいるのではないでしょうか。

どうして無為に時間を過ごしてしまうのか。それは、自分の人生はまだまだ長いと信じているからではないでしょうか。

自分はまだ六十歳になったばかりだ、これから二十年という人生が残されていると、何の根拠もなくそう信じています。

今日という日が終われば、明日もまた今日と同じ一日がはじまると思っている。明日は必ずくるものだと。

自分では気がつきませんが、老いは確実にやってきます。一日一日と、波が岸に寄せるがごとく、確実に近づいています。ゆっくりと歳を重ねることができれば幸せですが、いつ何時、急な病に倒れるかわかりません。今日まで元気だった人が、翌日に急に亡くなることもあるでしょう。人は、いつ旅立ってもおかしくはない。これは大げさな話ではなく、真実なのです。

だからこそ、今日という一日を大切に生きなければなりません。万が一、明日、旅立つことになったとしても、今日に悔いを残さないような生き方をする。それこそが禅の教えなのです。


アップルコンピュータで有名なアップル社を創設したスティーブ・ジョブズという人がいます。彼は若いころから禅の精神を学んでいました。乙川弘文《おとがわこうぶん》という曹洞宗の禅僧に師事し、禅的な考え方を実践していたといわれています。

彼は毎朝起きると、まずは鏡の前に立ち、鏡に映る自分自身に問いかけていたそうです。

「お前が今日やるべきことは何か。それは本当にお前が望んでいることなのか。もしかしたら、別にやるべきことがあるのではないか。もういちど、今日やるべきことを考えろ」

常にそう自問自答を繰り返していたそうです。

今日やるべきことをしっかりと見つめる。やらなければならないことからけって目をそむけない。先延ばしするということは、明日という日がこなければ、人生に悔いを残すことになる。そして自らに問いかける。「お前は、心からそれをやりたいと思っているのか」と。

スティーブ・ジョブズはきっと、死の直前まで鏡のなかの自分と対峙していたのだと思います。

私たちは、いつ旅立っても不思議ではありません。今日という日が、明日も続くという保証などないのです。しかし実際には、なかなかそこまでの考えには至らないものです。

現に私自身も同じです。今日書けなかった原稿を明日に延ばすこともあります。何か月も先まで、仕事の約束をしています。一週間の予定を考えながら床に着くこともしょっちゅうです。それは明日がくることを信じているからです。

生きている限り、明日に思いを抱くことは当たり前のことです。明日のことを考えることなく、今日を生きることは難しいものです。しかし、どこかで私は覚悟のようなものは持っています。明日を信じる一方で、明日がこないかもしれないという覚悟。常に死を意識してはいますが、死を恐れているわけではありません。それはいまの生をこそ、強く意識しているということなのです。

「而今《にこん》」という禅語があります。この言葉は、「過ぎてしまった時」「いまというこの瞬間」は、二度とは戻ってこないということを教えています。

過去・現在・未来という言葉がありますが、禅の世界には、過去と未来は存在しません。あるのはただ「現在」というこの一瞬だけです。

昨日という日は、もう過ぎてしまった時間です。その過ぎ去った時間に執着しても、そこからは何も生まれません。戻ってくることのない過去にとらわれることで、いまという時間が無駄になっていきます。

また、未来を考えても仕方がありません。私たちはつい明日のことや、将来のことを考えます。そこに待ち受けているかもしれない障害に怯《おび》えたり、不安感を募らせたりします。

しかし、いくら将来のことを思い描いたとしても、それはしょせん頭のなかで考えている世界にすぎません。頭の中で勝手に未来をつくり出し、勝手に不安を生み出している。これもまた無駄なことです。

私たちが生きているのは、いまという時間です。昨日でも明日でもない、今日という日を生きています。それこそが真実であり、その真実から目をそむけないことです。

歳を重ねて、残された時間が少なくなっていく。そう意識したときから、私たちは心の死に支度をはじめなければなりません。死に支度というと暗いイメージがあるかもしれませんが、けっしてそうではありません。

死への支度をすることとは、すなわちいまという時間を愛おしむことです。死を意識するからこそ、いまの生が輝きを増していく。一日一日が尊いものだと思えるようになるのです。そしてその尊い日々に感謝をすることで、充実した人生を送ることができるのではないでしょうか。

きっとスティーブ・ジョブズは、若いころから心の死に支度をしていたのでしょう。自分が今日やるべきことだけを考え続けていた。その結果として、世界的な会社をつくり上げたのだと思います。

納得できる別れを迎えるために

がんなどの病が発覚して、医師から余命宣告を家族が受ける。そんなときに悩むのが、それを本人に告げるかどうかということでしょう。

最近では患者本人に対して、がんであることをはっきりと告げるという方針の病院もあります。もちろん治療するにあたってそのほうが良いという判断もあるでしょうが、それは医師や病院が決めるべきことではないような気がします。

病が初期で、治癒の可能性が十分にあるのならまだしも、余命が限られているような場合には、やはり本人の性格や気持ちをいちばん大切にすることが大事ではないでしょうか。

余命を宣告されたことで、生きる気力を失ってしまう人もいるでしょう。反対に余命を知ることで、残された時間を精いっぱい前向きに生きようとする人もいるでしょう。それは人それぞれで、どちらが正解かは誰にも判断できるものではありません。

その難しい判断を委ねられた家族にとっては、これほどの悩みはないでしょう。できることならば、そうならないうちから、家族には意思を伝えておくことだと思います。「もしも自分が余命宣告をされたら、正直に教えてほしい」「私は精神的に弱いから、もしもがんだとわかっても、私には教えないでほしい」というように、意思を家族に伝えておくこと。この問題の答えは、そこにしかないような気がします。

しかし、人間の心とは不安定なものです。元気なときに考えていることと、いざ病に侵されて考えることとはまた違ってきます。

あるご夫婦がいました。ご主人はいつも凛《りん》としていて、客観的な判断ができるタイプの人でした。死について夫婦で話したときにも、「もしも私が余命を宣告されたら、隠すことなく話してほしい。私にはそれを受け入れる強さがある」ときっぱりと言っていました。

そしてそれが現実となりました。ご主人に末期のがんが見つかったのです。「余命は半年です」と、医師は奥様にそう告げました。

しばしの逡巡《しゅんじゅん》のあとに、夫人は医師の言葉をそのままご主人に告げました。

――余命宣告は正直に教えてほしい。自分にはそれを受け入れる強さがある。

夫のその言葉を信じたのです。きっと主人は、残された時間を精いっぱい生きてくれるだろうと……。

しかし実際は、まったく逆の結果となりました。

余命を伝えたその日から、ご主人はいっさい口を開かなくなりました。病院の食事も口にせず、ただぼーっと天井を見つめる毎日。明らかに生きる気力を失ってしまった。

子どもたちがお見舞いにきても、「どうせ俺は、もう長くないんだ」と言うばかり。時には余命を教えた夫人を責めるような目もする。とうとう子どもたちでさえ、「どうしてお父さんに教えてしまったの」と言いはじめました。

ご主人が息を引き取るまでの半年間、奥様は悩み続けました。「私が余命を教えなければ、もっと残された人生を楽しめたのではないか。私が主人の大切な時間を台無しにしてしまった……」その苦しさは、本人にしかわからないでしょう。

奥様が余命を伝えたことが良かったのか悪かったのか。そんなことはわかりません。ただひとつ言えることは、奥様は自分を責める必要はまったくないということです。

死と向き合ったとき、その人がどんな心持ちになるか。それは誰にもわからないものですし、本人にすら予測できるものではないのです。その究極の心を慮《おもんぱか》ることなど不可能なのです。

ただし、心がけていてほしいことがあります。それは、ある年齢になったときには、家族とともに死を語ることです。いずれは必ずやってくる死について、自分は死をどう受けとめるか、相手の死をいかに受け入れるかというように、互いの死生観を語り合うことです。

一年に一度でもいい、半年に一度、ほんの少しの時間でもいい。自らの心と向き合いながら、死についての思いを吐露《とろ》することです。家族であるからこそできる会話です。そのような会話を積み重ねることで、互いに納得できる別れを迎えることができる。私はそう考えています。

そして何より、死を語ることで、自らの本心と対峙することができる。それまで気づかなかった自らの心とも出会うことができる。そして、言葉の裏側にある互いの本心を共有し合えるのが、家族ではないでしょうか。

「お迎えがくる」を受け流さない

「私もそろそろ、お迎えがくるころね」

お年寄りがよく口にする言葉です。もしも自分の両親がそんなことを言ったとしても、あまり本気にとらえる人はいないかもしれません。重い病気を患っていれば別ですが、ごく日常のなかでそう言われても、つい「まだまだ大丈夫だよ」「そんなに元気なんだから、あと二十年は生きるよ」と、軽口でやり過ごしてしまうものです。もちろん本人にしても、すぐにどうなるという心配を真剣にしているわけではありません。身体も健康だし、まだまだ長生きしたいと思っている。それでもふと「そろそろお迎えが近いかな」という言葉が出てくるのは、やはり死が近づいていることを、どこかで感じているからだと思います。

一年一年、弱っていく自分を感じとりながら、もうそれほど長くはないという思いが押し寄せてくる。そこに医学的な根拠などありませんが、本能的に死を感じとって、少しずつ心の中で、死への準備をはじめているのです。

もし両親が「お迎えが近い」と口にしたら、その言葉を一蹴するのではなく、その気持ちを受けとめてあげてほしいのです。何も必要以上に気を遣うことはありません。大袈裟に心配をすることもない。それでも、死を感じとっている両親の気持ちを、心の片隅にそっと置いておくことです。

ただそれだけのことで、日々の接し方が少しだけ変わってくるような気がします。

たとえば、父親とお昼ごはんを食べながら、漠然とテレビを見ている。そのテレビのスイッチを切って、ほんの少し、思い出話をしてみる。ひとりでさっさと出かけていた日々の買い物も、ときには母親を誘ってみる。一緒にスーパーのカートを押しながら、母親がつくってくれたお弁当の話をしてみる……。変哲もない日常生活のなかで、少しだけ親と過ごす時間を増やしていく。それが、死を意識しはじめた人に対する礼儀なのだと私は思います。

そして、さりげなく人生の目標をあげることです。「息子が高校を卒業するまでまだ五年。せめてそれまでは元気でいてよ」「娘の結婚式には必ず出席してもらうからね」「来年のお正月には、家族みんなで温泉旅行に行こうよ」などのように、言葉をかけてあげてください。

五年先という時間は、若い人にとってはあっという間にやってくる時間でしょう。そして、その場に自分がいることを疑いません。しかし、お年寄りにとっての五年という歳月は、思っている以上に遠い未来に感じるものです。

ほんとうにそこまで生きていられるのだろうか。でも高校の卒業式は一緒にお祝いをしたい、孫の結婚式にも出席したい……。そんな夢が、いつしか具体的な目標となり、その目標をもつことで、生きる気力が湧いてくるのです。

励みがなければ、人間はどんどん気力を失っていきます。何もない未来に向かって人間は歩くことなどできないのです。目標のない未来は、怠惰な現実をつくり出してしまう。そしてやがては生きる気力さえも失われていく。それは旅立つほうにとっても、見送るほうにとっても、幸せなことではありません。

「そろそろお迎えがくる」という言葉は、思いつきで出てくる言葉ではありません。心配をかけようとして言うわけでもありません。

しかし、この言葉を口にするとき、もっとも悲しい思いをしているのは本人であることを忘れてはいけません。その悲しさを受けとめてあげることです。

心残りは何ひとつない、そんな最期は人間にはあり得ません。心残りがあるのは当たり前のことです。

ですから残される人は、せめてその心残りを、少しでも少なくしてあげることです。残された時間を精いっぱいの愛情で包み込む。それが産み育ててくれた両親、愛情をくれた大切な人への最大の恩返しだと思います。

「お迎えがくる」という表現は、仏教独特の表現だと思います。私たちがいる世界は「此岸《しがん》」です。そして仏様がいらっしゃる世界が「彼岸《ひがん》」です。この彼岸は、煩悩《ぼんのう》が断ち切れた迷いのない世界のことです。

私たちが旅立つとき、仏の世界からお迎えがやってきます。これを「来迎《らいごう》」といいます。お寺に設《しつら》える須弥壇《しゅみだん》の背後にある丸柱のことを「来迎柱」などと呼びます。

仏様の世界からお迎えがきてくれて、私たちを煩悩から解放された世界へと連れていってくれる。それが「お迎え」の意味するところです。

安名授与で心と環境を整えておく

都会ではご葬儀を行う会場や火葬場の関係で、お通夜、ご葬儀の日までだいぶ待たされることがありますが、一般的には、亡くなったその日の夜、あるいは次の日の夜に、お通夜が営まれます。

夜通し棺《ひつぎ》につき添い、お線香を絶やさず、何度も何度も棺のなかのお顔を見る。故人と、その姿で接することができる最後の夜となります。それがお通夜の儀式です。

地域によって多少の違いはありますが、お通夜をすませて、翌日ご葬儀を終えて荼毘に付すというのが一般的でしょう。

そのときは肉体がこの世界から消滅するときです。魂は生きていると信じながらも、もう二度と故人の身体に触れることはできません。その寂しさと喪失感は、とても言葉では言い尽くすことができないものです。

そして葬儀に至るまでに、故人には「ご戒名」が授けられます。ご戒名というのは、仏教の世界では戒を授かったあとの名前を指しています。

生きているときの名前は「俗名」といい、両親やあるいは祖父母などから授けられた名前です。亡くなったあとには、その俗名から離れ、今度は仏様として残された人たちの心のなかに生き続けるわけです。

つまりご戒名を授かるということは、すなわち仏様に弟子入りをするということなのです。

このご戒名は、本来は長年のおつき合いがある菩提寺の住職がつけるものです。しかし、戦後、地方から上京し、そのまま都会に住みついた人々は、菩提寺をもっていません。

自分でどちらからのお寺とご縁を築かれた人は別ですが、とくに菩提寺をもっていない人々は、葬儀社などに僧侶を紹介してもらい、お通夜、ご葬儀を務めてもらうということになります。ですから、ご戒名も多くは葬儀をお願いした僧侶がつけることになります。

これは悪いことではありませんが、ほとんどは縁もゆかりもない僧侶がご戒名をつけることになるので、家族にしてみれば、そのご戒名が何となくしっくりとこないこともあるようです。

「これがあなたのお父様のご戒名です」と僧侶から渡される。ありがたいと思って受け取ってはみるものの、ちょっと父親の生き方にはそぐわないような気がする。父親の性格とは印象が違うように感じる。このご戒名を父は喜んでいるのだろうか……。

そんなことを思ったとしても、面と向かって僧侶に言うことはなかなかできませんし、また文句をつけてはいけないような雰囲気もあります。そんな気持ちを抱いている人が、実際にはとても多いと聞きます。

そうであるならば、生前にご戒名をつけておくこともできます。つけられる本人が納得するのですから、それがいちばんだと思います。

生前にご戒名を授かっておくことは、江戸時代まではごく普通に行われていました。いまでも地方によっては、その習慣が残っているところもあります。私のお寺でも、一年に数人の方が、生前にご戒名をつけられます。

ご戒名の授与を頼まれると、私はまずはその方とお会いします。その方の人生の来し方を長い時間をかけて聞き、その人となりを十分に教えていただきます。

そのうえで、ふさわしいと考えるご戒名を二つ提示させていただきます。一つを提示して「これでいかがですか」というのは、相手が押しつけのように感じてしまうかもしれないからです。

こうして自分が生きているときに自分の戒名を確認できるのですから、これ以上の満足はありません。また残された人たちも、ご戒名について思い悩むこともないので、非常にスムースに、お通夜からご葬儀へと移ることができるのです。

生前にご戒名を授かることは、縁起が悪いことでも何でもありません。それどころか、不思議と安心した気持になれると多くの方が言います。

禅門では、生前に受戒をしていい戒名を授けることを「安名授与《あんみょうじよ》」といいます。この「安名」というのは「身心を安んじて恵命《えみょう》を長ずる名前」ということです。

いつの日にかやってくるお別れの日。その日のために、心と環境を整えておくことが、先立つ者の役目でもあるのです。

最期を必要以上に語らないこと

死はすべての人に平等にやってきます。けっして免れることのできない、人間としてのただひとつの真実かもしれません。

しかし、その死がどのようなかたちで訪れるのかは、人によってさまざまです。もしもすべての人の死が、定年退職のように決まっていれば、残された者は仕方のないことだと、納得もできるでしょう。ところが現実にそんなことはあり得ません。

病を患い、長い入院生活の果てに亡くなる人もいます。ある日突然に病に倒れ、そのまま帰らぬ人になることもある。あるいは災害や事故などによって、一瞬のうちに命を奪われることもあります。どのような状況であれ、同じひとつの死です。

しかし残されたほうは、それらを同じ死とは考えません。八十歳を過ぎて、徐々に衰弱し亡くなれば、「大往生だった」と言います。

一方、四十歳の若さで病気で亡くなれば、「まだまだ生きたかっただろうに。ほんとうにかわいそうだ」と言う。まして災害などで亡くなれば、そこに慰めの言葉など見つかりません。

震災などの天災によって、多くの人たちの命が失われることがあります。朝、いつもと変わらぬ笑顔で「行ってきます」と元気に家を出ていったわが子が、変わり果てた姿になってしまう。昨日まで元気に働いていた職場の同僚が、今日はすでにこの世からいなくなってしまう。それは悪夢を見ているようなものでしょう。

残された人は口々に言います。「かわいそうな死に方だった」「さぞ苦しい思いをしただろう」「あのような最期は最悪だ」と。

亡くなった人のことを思い、その悔しさを代弁しようとしているのでしょう。


私はそんな言葉を聞くたびに、心が痛くなります。

残された人たちの悲しみは、もちろん計り知れないものです。その悲しみを思えば、どんな言葉でも言い尽くせないことでしょう。しかし、それ以上に私が心を痛めるのは、亡くなった人たちに対してです。

残された人たちが口にする「最悪の最期でかわいそう」というような言葉が、私の胸に突き刺さるのです。

亡くなった人たちに対して「かわいそうな死に方だったな」と言うことが、果たして亡くなった人を弔うことになるでしょうか。

死に方に、良いも悪いもありません。そこにあるのは、厳然としたひとつの死だけなのです。その死に対して、良し悪しを語ることはできない。そこにばかり執着してはいけないのです。

「あの人の人生は満足だっただろう」「もう十分に生きたから、幸せな最期だったろう」「せめて布団の上で死なせてやりたかった」……。残された人たちは、亡くなった人の人生や最期を語ろうとします。それはいつの時代も変わりません。

良き思い出を語ることはいいことです。しかし、死に方を必要以上に語ることは、結局は残された者の苦しみが強くなるだけではないでしょうか。

何歳で亡くなったか。どのような亡くなり方をしたのか。そういうことに目を向けるのではなく、その人の死だけを見つめることです。その人の「定命」を受けとめ、静かに供養する。残された者にできることは、それだけなのです。

死は私たち人間にとって永遠のテーマです。

古代から現代に至るまで、人間は死について考え続けてきました。結論の出ないこの難題を、何とか解き明かそうとしてきました。そのひとつの考え方が哲学を生み出し、宗教をつくりあげていった。人間のもつ英知によって、死は語り続けられてきたのです。

しかし、よく考えてください。亡くなった人が、自分の死についてあれこれ考え、思い悩んでいるでしょうか。

死とは何かを考え、あるいは死について悩んでいるのは、いま生きている人間だけです。

この事実を承知していれば、亡くなった人に対して、良い死に方だったとか悪い死に方だったという言葉は、不謹慎に思えるのではないでしょうか。

死に方に、良いも悪いもありません。そんな基準で、死は測れるものではないと私は思います。

手のぬくもりを心に記憶する

大切な人とのお別れが近い、残された時間が少ない……。そんな状況にある人もいるかもしれません。その悲しみをどのように慰めればいいのか、その苦しみから逃れる方法はないのか……。その問いかけに対する普遍的な答えを私はもっていません。

ただ言えることがあるとすれば、それは、「いま」という時間のなかで、精いっぱいに大切な人と関わるということです。

時間が許す限り、大切な人の手を握ってあげてください。握り返してくる手の力が、日々、弱くなっていることを感じてあげてください。そしてその手のぬくもりを、しっかりと心に記憶してあげてほしい。

たとえ受け答えができなくなっても、その人の耳元で語ってあげてくださ い。言葉が返ってこなくても、あなたの声は必ず大切な人に聞こえているのですから。

どんなに気を強くもっていても、「もし明日、容体が急変したらどうしよう」「あと一か月もすれば、きっと命は果ててしまうだろう」と、不安や悲しみが襲ってくることもあるでしょう。それでも、明日のことなど考えなくてもいい。一か月後のことに思いを馳せる必要などありません。

ただ、いま、大切な人に目を向けることだけです。たしかにいま、生きている大切な人に寄り添う、そんな時間を大事にすることだと思います。

そして、残念なことに、その人がこの世を去ったとしても、それは肉体がこの世界から消えたにすぎないのです。

亡くなった人の心は、仏となってあなたのそばで生き続けています。ですから、仏様になっても、生きているときと同じ気持ちで接することです。

これまでと同じように、三度の食事を並べてあげる。今日一日の出来事を、仏壇に向かって話しかける。姿かたちは見えなくても、きっと大切な人が寄り添ってくれている。そう信じることだと思います。

別れの日が近いことは、先立つ本人にもわかっているはずです。だからこそ、残された時間をどのように過ごしたいのか、その声を聞きとってあげてください。

花を見たいと言うのなら、きれいな花を買ってきてあげる。窓の外が見たいと言うのなら、背中をそっと支えて起こしてあげる。手を握ってほしいと言うのなら、眠りにつくまで握ってあげてください。ささやかな希望を、精いっぱいに叶えてあげてください。

そしてできれば、息を引き取るその瞬間にも、そばにいてあげることです。

第3章

悲しみから立ち直れないあなたへ

二年経つ頃にはモノから心が解き放たれる

大切な家族を亡くしたあと、亡くなった人の部屋や愛用していたモノなど、そのままにしておく人がほとんどです。

ご主人を亡くした女性がいました。亡き夫が使っていた部屋は生前のままで、カレンダーもめくられず、描きかけのキャンバスも、絵の道具もそのままに置かれています。その様子は部屋の主がふと現れて、また描きはじめるかのようです。

しかし、絵は完成することは、もうありません。カレンダーに書き込まれた予定に、夫が出かけることもありません。それでもカレンダーを外すことができない……。それが残された者の心情です。

モノとは不思議です。日常、使っている湯飲み茶碗は、それまではごくありふれた陶器にすぎませんが、亡くなった人が使っていたものであれば、それは特別なモノになっていきます。世界でたったひとつの湯飲み茶碗であり、特別な存在として感じられるものです。

故人が使っていた部屋や、大切にしていたモノ。それらは、思い出として大事に取っておいてもいいですし、あるいは故人に代わって使い続けてもいい。

しかし、あまりそこに思いをもちすぎてはいけないのです。

亡くなった主人が使っていた部屋に入り、愛用していた椅子に口がな座っている。主人の残り香を感じながら、また悲しみが襲ってくる……。それは、亡くなった人を弔うことにはなりません。

少しでも故人の存在を感じたいという気持ちはよくわかります。しかし、その部屋にはもうご主人はいないということに、現実として向き合うことができなければ、いつまでも悲しみの淵《ふち》から抜け出すことはできないのです。

残された者が受け継ぐべきものは、残されたモノではありません。

愛用していた絵の道具を大切に残すことではなく、キャンバスに描き残した絵を完成させてあげることなのです。

絵の具を受け継ぐのではなく、絵を描くという趣味を受け継いでみることです。もしも亡くなった人が、登山が好きだったのなら、自分もまた山に登ってみることです。どんな気持ちで登っていたのか、山のどこに心を惹かれていたのか。その感性こそ受け継いでみることです。

亡くなった人からは、愛用品などの有形のものだけではなく、やりたかったことや、好きだったことなど無形のものをこそ、受け継ぐことが大事なのです。それこそが、どこにも売っていない世界でたったひとつのモノになるのだと私は思います。

たくさんのお檀家さんを見ていますと、三回忌を迎えたころから、徐々に遺品の整理をはじめる人が多いようです。三回忌というのは、亡くなってからちょうど二年が経つときです。二年という歳月は、少しずつモノから心が解き放たれていく、そういう時間なのかもしれません。

少しずつでもかまいませんから、三回忌を迎えたときから、残されたモノの整理をはじめましょう。

何も捨てなくてもかまいません。押し入れや物置に、思い出の品たちをしまうことでもいいのです。

古いカレンダーは、新しいものに取りかえる。愛用していたペンは、日常的に使ってあげる。そして、二度と袖を通すことのないスーツなどは、近しい人に着ていただくか、それが無理であるなら、思い切って処分してしまう。そんなふうにして、部屋のなかから残り香を少しずつ消していくことです。

それはけっして、故人の思い出を消すことではありません。思い出を部屋から自分の心に移すことです。そうして自分の心に移った思い出は、一生消えることはないのです。無理をして心のなかまで整理する必要はありません。

「本来無一物《ほんらいむいちもつ》」という有名な禅語があります。人間は生まれてくるときに、何ひとつ持っていません。そして死んでいくときにも、何かをもってあの世に行くわけではありません。人間というのは、本来は何ももっていない存在なのだという意味です。

まさに、モノに執著してはいけないということを戒めている言葉です。私たちがもっているのはモノではありません。受け継ぐべきモノなど、何ひとつありません。
大切にするべきは、無形の心であることを知ってください。

法事は「気づき」を与えられる機会

亡くなってから一年目に執り行われる一周忌の法要があります。この日までは、あっという間に過ぎてしまいます。四十九日の法要をすませたあとも、いろんな雑事がありますから、慌《あわ》ただしく過ぎていくものです。

そして迎える三回忌。仏教では、亡くなった日が何度巡ってくるかと数えますから、まる二年が経ち、三回目のそのとき、この法要が執り行われます。

一周忌の法要は賑やかなものです。親戚や友人たちがたくさん足を運んでくれますから、それだけで励まされたりもします。

ところが三回忌になりますと、どうしても身内だけの法要になることが多いようです。なかには、ほんとうに家族だけですませてしまう、という人も少なくありません。
「三回忌の知らせをすれば、相手に気を遣わせてしまうだろう、出席できないとしても、お香典などを送ってくるかもしれない」、そんな配慮から、身内だけの法要になってしまいがちです。それぞれのご家庭での事情もあるでしょうから、一概には言えないと思いますが、もし、事情が許すのであれば、三回忌の法要までは、私は多くの人にお声がけしてもよいのではないかと思っています。

亡くなった両親の人間関係を、すべて子どもが知っているわけではありません。会ったことのないような友人がいるかもしれない。若いころから育んできた友情があるかもしれない。

とくに、親が仕事を退いて長年経つ人であれば、お通夜やご葬儀にきてくださる人は、本人と相当親しくおつき合いをしていたからこそ、お参りにきてくださるのです。

そのなかでも、火葬場まで足を運んでくださった人は、そのおつき合いの深さが見て取れます。

そうであるならば、ご葬儀に足を運んでくださった人たちみんなに、三回忌の案内をしてはいかがでしょう。なかには関係の薄い人もいるかもしれません。しかし、その見分けがつかないのなら、みんなに知らせることです。

三回忌の案内を受け取ったとき、遠慮しようと思う人がいる一方で、何としても行こうと思ってくれる人もいる。あるいは、体調などの理由から、行くことは叶わないけれども、せめてお線香を供えてほしいとお香典を送ってくれる人もいるでしょう。その判断は、それぞれの人に任せればいいのです。

「故人が亡くなってから二年が経ちます。もしお時間がありましたら、ほんの少し故人を偲《しの》んでやってください」という気持ちで案内を送ってはどうでしょう。また受け取るほうも、行かなくてはならないと考える必要はありません。行きたいという気持ちになれば、行けばいいのです。その程度の気持ちで十分だと思います。それはお互いさまの気持ちを持つことです。

法事は日本人が古くから大切にしてきた習慣です。その習慣を執り行うことに、遠慮や気遣いはいらないと思います。

そしてまた、法事は誰のために執り行うものなのかということです。もちろん亡くなった人の菩提を弔うためにご供養するのですが、同時に残された人に「気づき」を与える貴重な機会でもあるのです。

三回忌や七回忌の法事に参加しながら、改めて故人の思い出が蘇ってくる。やっとあのときに言っていた言葉の意味がわかった、ほんとうにたくさんのことを私にしてくれていたんだなと、亡くなってはじめて、その人の存在の大きさに気がつく。そんな気づきの場が、法事という場なのです。故人をご供養するとともに、自分自身と向き合う場として、日本人は大切にしてきたのです。

さすがに七回忌や十三回忌ともなれば、出席者のほとんどは近親者になってくるでしょう。

そのときは、滅多に会うことのない故人のきょうだいなどと会い、隣に座って話をしてみましょう。

きっと彼らの話し方や表情のなかに、故人と似ているところを発見することでしょう。きょうだいですから当たり前のことです。

彼らの姿に故人の姿を見たとき、何とも言えない懐かしさが蘇ってくる。そんな面影に出会うと、一族のつながりというものを感じるものです。

私たちは、たったひとりで存在することはできません。たくさんのご先祖様がいてくれたおかげで、いまこうしていることができる。たとえ両親は亡くなってしまっても、その両親の血は自分のなかに流れ、そして多くの親族の中にも流れている。日ごろは考えることがないそういう繋がりも、気づかせてくれるのです。

自分はひとりではないということを、心から感じることができる場が法事というものだと私は思います。温かな法事は、きっと別れの悲しみを和らげてくれるでしょう。

この世に心を残そうとする

禅のなかに「残心」という言葉があります。弓道や剣道を嗜《たしな》む人は聞いたことがあるかもしれません。

字だけをみれば、残った心ということになりますが、これは「心残り」や「未練」という意味ではありません。

たとえば弓道でいうならば、この「残心」とは、まさに矢を放った直後の心の状態を表す言葉です。精神を集中させて的を狙う。弓をゆっくりと引き、無心の状態で矢を放つ。弓道の競技としては、ここで完結するわけですが、実際には矢を放ったあとも、しばらくはその姿勢を崩すことはありません。じっと精神を集中させたまま、姿勢を保ち続けている。

目は前方を向いていますが、放った矢が的を射ているかを見ているのではありません。まさに弓と一体化した自らの心と向き合っているのです。矢を放ったからそれでおしまいということではなく、矢を放ったあとも、弓そのものに心を残している。これを残心と表現しているのです。

私たちが死を迎えようとするとき、必ずこの世に心を残そうとします。もちろんそのなかには未練や心残りといったものもあるかもしれません。しかし、それとはまったく別に、「念」のようなものを残して死んでいく。仏教ではそう考えられています。

「自分はもう死んでしまうのだから、あとのことはどうでもいい」「残された人間がどのようになろうが、自分には関係ない」そう思いながら亡くなる人はいません。

もちろん、死んでしまえば何もできませんし、残された人たちを助けることはできません。それでも、残された家族、親しかった友人には幸せになってほしい。悲しみを乗り越えて、強く生きてほしい……。そう願いながら旅立っていくのです。この気持ちこそが残心としてこの世に残り続けるのです。

残された人間は、逝ってしまった人の残心に気づかなければなりません。旅立ってしまった両親や友人、恩師とは、もう二度と話をすることはできません。助けを求めても、ふたたび現れてくれることはない。相談したいことがあっても、導く言葉をかけてくれることはありません。それは現実です。

しかし、だからといって、両親や友人、恩師の存在が無になったわけではないのです。彼らはみんな、自分自身の心のなかで生き続けている。それを信じて、彼らが残してくれた残心に耳を傾けることです。

何かに迷うことがあれば、手を合わせて故人の声なき声に耳を傾けてみる。こんなとき、父ならばどう言ってくれるだろうか。もしも母がそばにいてくれたなら、私にどんな言葉をかけてくれるだろうか。目の前の道が一つに分かれたとき、師はどちらの道を指し示してくれるだろうか……。

亡くなった人たちの思いに心を寄せ、自分がやるべきことを考える。それが、残心に耳を傾けるということなのです。

悲しい別れから立ち直れないとすれば、お墓や仏壇の前に座り、亡き人の残心に触れることです。あなたの悲しみに、亡き人はきっと言葉をくれるでしょう。

「もうそんなに悲しまないで」「はやく悲しみから立ち直って、前を向いて歩きなさい」「いつまでメソメソしてるんだ。強く生きなさい」……。

いろんな言葉が返ってきます。もちろんその言葉は、あなたが自分のなかで生み出した言葉にすぎません。

しかし、その言葉はすべてが、あなたの頭のなかで考えたものかというと、そうではありません。それは亡くなった人の残心を感じることでこそ、表面に現れた言葉なのです。

あなたの心と、亡くなった人の思いがひとつになって、不思議にも言葉が浮かんできます。理屈では説明ができませんが、亡くなった人の心は、必ずこの世界に残っているのです。

つけ加えて言うなら、亡くなった人たちの残心には、醜いものはひとつもありません。仏の世界に行くということは、すべての煩悩から解放されることです。そこには怒りや嫉妬などという感情はいっさい存在しません。

たとえどんなに悔しい思いをして旅立ったとしても、すさまじい怒りに包まれながら旅立ったとしても、それらの感情は仏の世界に行けば、すべて消え去ってしまいます。

怒りや悔しさは消え、清廉な心に誰もが導かれていく。つまり、亡くなった人たちが、この世に怒りや嫉妬というような負の思いを残すことはないのです。

あなたの大切な人がこの世に残した思いは、清廉なものばかりです。「きっと悔しい思いで逝っただろう」「どれほどこの世に悔いを残しているだろう」と考えるのは、残された者の心がつくり出していることにすぎません。仏様になった人間はみんな、この世に美しい残心を残しています。そんな美しい心を感じながら、私たちは生きていくことが大事なのです。大切な人が残してくれた清らかな心を感じることで、悲しみは癒されるのです。

「時薬《ときぐすり》」はいつか必ず効いてくる

人はいつまでも悲しみの海にいることはできません。いつかはそこから抜け出さなくてはいけません。それは大切な人を忘れるということではなく、心にその魂を抱きながら、再び歩き出さなくてはいけない。それが与えられた命をまっとうするということです。

悲しみから救ってくれるもの。それは「時薬」しかありません。つまり時間です。この時薬が効くまでは、その悲しみから脱することは、なかなかできないでしょう。しかし裏を返せば、時薬はいつか必ず効いてきます。この薬をもっていない人はいないのです。

どんな大きな悲しみも、やがては時のなかに埋もれていきます。少しずつ、氷が溶けるように、時という土のなかに悲しみがしみ込んでいく。悲しみがしみ込んだ土は、永遠に乾くことはありませんが、少なくともあなたの身体にしみ込んだ苦しみは、吸い取ってくれるでしょう。そうなるまでには時間がかかるのです。

「時間」を意識してみてはいかがでしょうか。大切な人を亡くしてから一か月。そんな時間で立ち直れるはずはありません。表面的には元気な姿を装っていても、それは無理をしているにすぎません。

「もう自分は大丈夫だ」などと言い聞かす必要はまったくありません。無理をして気持ちを奮い立たせようとするのではなく、そのまま悲しみと向き合えばいいのです。

「まだ一か月しか経ってない。まだまだ悲しみから抜け出せるはずはない。きっとこの悲しみは、当分続くだろう……」

このように、悲しみの時間がまだ通り過ぎていないことを、自分自身で認めてしまうことしです。

悲しいときには、その悲しみになりきること。これは禅の考え方です。

名僧と言われた良寛さんに、こんな話があります。

ある夏の暑い日のこと、まわりの弟子たちは暑さに参っていました。全身から汗が吹き出し、弟子たちは口々に「暑い、暑い」と言っている。ところが良寛さんだけは涼しげな顔をしています。弟子は良寛さんに聞きました。

「お師匠さんは、暑くないのですか？」

良寛さんは答えました。

「暑いときには、暑さそのものになりきればいいのだ。寒いときには、寒さそのものになりきればいいのだ」

禅問答のような深い言葉ですが、悲しみもまたこれと同じだと思います。悲しいときには、そこから逃げ出すのではなく、思いっきり悲しむことです。悲しみになりきって、気がすむまで涙を流せばいい。そうして一か月も涙を流し続ければ、ふと自分自身で気づくはずです。流す涙の量が、少しずつ少なくなっていることに。

そうです、時が涙を吸い取ってくれているのです。

悲しいときには、涙が涸れるまで泣けばいい。それでも、涙は涸れることはないでしょう。一時は涸れたように思うかもしれませんが、一年が過ぎたころに、再び悲しみが襲ってくることもあります。そこでまた、涸れたはずの涙が溢れてくる……。

そんなことが何十年も続いた末に、やがて涙はほんとうに涸れてしまいます。悲しみはけっして消え去ることはないのですが、涙の海からは解放されるときが必ずやってくるのです。人間の悲しみとは、そういうものだと思います。

ただし、悲しみになりきることと、悲しみに沈むことは違います。

悲しみのあまり、何もする気持ちになれない。誰とも会いたくない。ひとり仏壇の前に座って泣き暮らしているというような状態を続けてはいけません。それは、悲しみの暗い海のなかに沈んでいくようなものです。沈んでしまってはいけない。暗い海から顔を出して、泳ぎはじめなければならない。それが残された者の役日なのです。

外に出かけることです。悲しみを紛らわすために出かけるのではありません。悲しみをすべて背負って、その悲しみと一緒に出かけることです。

私が住職を務める寺のお檀家さんで、ご主人を亡くされた方がいました。お子さんがいなくて、夫婦二人でとても仲が良く、いつも一緒にご先祖様のお墓参りにいらっしゃいました。

そのご主人が急な病で亡くなられたのです。奥様の悲しむ姿は、そばで見ていても痛々しく映っていました。

一周忌の法要をすませても、奥様の心は沈んだままです。すっかりやせ細って、見るからに元気がありません。私は思わず声をかけました。

「いかがですか。そろそろ、外に出かけられたらどうですか」

「いいえ、まだそんな気分になれません。私が出かけてしまうと、家のなかで主人がひとりになってしまいますから……」

聞けば、一日のほとんどの時間を仏壇の前で過ごしていると言います。

私は、少しご主人の思い出話をしました。

「そういえばご主人は、いつか北海道を旅行したいとおっしゃっていましたね。私に北海道のことをいろいろ聞かれましたので、よく覚えています」

「そうですか。主人がそんなことを言っていたのですか」

「どうですか。ご主人の写真とお位牌を鞄に入れて、北海道を旅されてみては。お二人で行ってきてはどうでしょう」

ご夫人は私の提案を素直に受け入れ、翌月に北海道旅行に行きました。

そうして北海道から戻ってきたご夫人の表情は、それまでとは一変していたのです。

踏ん切りがついたとか、悲しみが癒えたとか、そういうことではありません。亡くなったご主人と一緒に旅行をすることで、しっかりと悲しみと向き合いながら生きていく覚悟が生まれたのです。

ご主人のことを忘れる日などけっしてこない。この悲しみがすべてなくなる日などくることはありません。ご主人を心に抱きつつ、悲しみとともに強く生きていく。そうご夫人が決心したとき、彼女は悲しみになりきれたのだと思います。

人間はけっして強くはありません。しかし、それほど弱くもないのです。

家族でもそれぞれ悲しみが違う

親を亡くした悲しみは、ある程度の年齢になれば誰もが経験するものです。

しかし、その悲しみは、同じものではありません。悲しみを数量で測ることはできませんが、ひとつとしてまったく同じ悲しみはありません。

たとえば同じ兄弟姉妹であったとしても、両親との関わりはそれぞれでしょう。

「兄ばかりをかわいがっていた」「自分のことは放ったらかしにされていた」というように、親としては同じように接してきたつもりでも、当人たちはまた別の感情を持っているものです。面白いもので、家族のなかにある感情は、実に複雑なものがあります。

したがって、同じ父親が亡くなっても、その悲しみはそれぞれが違います。悲しいことには変わりはありませんが、その質や重さは違うのかもしれません。

これが夫婦になれば、さらにその感情を知ることは難しいでしょう。たとえば妻の母親がなくなったとします。夫としては、自分もすでに母親を亡くしているので、妻の悲しみが理解できるつもりでいる。きっと妻も自分と同じ悲しみを抱いているのだと。そしてその悲しみを癒してあげようと、夫は一生懸命に励まそうとする。

しかし、それは、時に相手の感情を逆なですることにもなります。母親を亡くした妻の悲しみは、妻自身にしかわかりません。それは、たとえ夫婦であっても入り込んではいけない場所なのだと思います。

たとえば八十五歳の父親が亡くなったとしましょう。子どもたちからすれば、もう十分に生きただろうという気持ちがあります。とても悲しくはあるけれど、どこかで仕方がない年齢だという気持ちもある。それはごく普通のことです。それでも、妻である母親はまた別の思いを持っているものです。

五十年以上も夫婦として連れ添い、苦しいことも楽しいことも、すべてをともにしてきました。その夫がいなくなることは、まるで身体の半分をもぎ取られたような気持ちになるでしょう。

年齢を考えれば、仕方のないことはわかっていますし、そろそろお迎えがくることも知っていました。それでも夫がいなくなるということは、母親にとっては最大の悲しみなのです。

その母親に向かって、「お父さんは大往生だよ。いい人生だったと思うよ」と子どもたちが声をかけても、それは母親の耳には励ましには聞こえないときもある。その言葉が、母親の胸を突き刺すこともあるのです。

たとえ親子といえども、夫婦といえども、悲しみは人それぞれであることを知らなければなりません。

そうであるなら、言葉をかけずに、黙って見守ってあげることです。慰めの言葉などいりません。深い悲しみに身を置く人に対して、人はかける言葉をもっていません。ですから、そっとそばにいて見守ることです。

そしてもうひとつ、その人を十分に悲しませてあげることです。

誰かが亡くなれば、現実的な手続きや手配が必要になります。お寺と葬儀の打ち合わせをしたり、役所に書類を届けに行ったりと、いろんな雑事があるものです。そんな雑事を引き受けてください。雑事に追いまわされることなく、十分にお別れをする時間をつくってあげてください。

まわりの人ができることは、悲しみを癒すための言葉を探すことではなく、悲しみに浸れる時間をあげることなのです。

人はそれぞれの悲しみを抱いているのですから、悲しみを百パーセント共有することはできません。それでも、共有できるものがひとつだけあります。それが故人の思い出です。

「父さんはこれが大好物だったね」「みんなで旅行に行ったとき、父さんはこんな失敗をしたよね」というように、家族でともに過ごしてきた時間、一緒に行った場所、家族が共有している大切な思い出を、仏様の前で語ってあげることです。

悲しみはそれぞれであっても、思い出はひとつ。その思い出を話すことが、何よりの供養であり、悲しみに沈んでいる人に手を差し延べるたったひとつの方法なのです。

悲しみも喜びも続かない

かの有名な一休和尚さんが、あるとき村の人から書を頼まれました。家を新築したので、お祝いにめでたい言葉を書いてほしいと言われたのです。そこで一休さんは、こんな一筆をしたためて渡しました。

「親死に、子死に、孫死ぬ」

受け取った人はびっくりです。新築祝いにしては、「死ぬ」という言葉は何だか縁起が良くない。そこで一休さんに問いました。

「どうして、こんな縁起でもない言葉をお書きになったのですか」

すると、一休さんはにっこりとほほ笑んで言いました。

「何ごともなければ、まずは親が先に死ぬのは当たり前です。その次に子どもが歳をとって亡くなり、その次に孫が死ぬ。こうして順番に死んでいくことこそが、人間にとっていちばん幸せなことなのですよ。あなたの家も、その普通の幸せに包まれることを願って私は書いたのです」

歳を重ねた者から順番に旅立っていく。これを当たり前のように思っていますが、みんながそうなるわけではありません。ですから、順番に亡くなっていくことは、とても尊いことなのです。


その順番が逆転して、親よりも子どものほうが先に亡くなることがあります。仏教ではそれを「逆さ」といいます。

この「逆さ」ほど、親にとってつらく苦しいことはありません。その原因がどのようなものであれ、子どもが先立つ悲しみは、終生癒えることはないでしょう。人間に与えられた最大の苦しみといってもいいのです。

小さなお子さんのご葬儀では、そのご両親に対して、心を癒すような言葉などありません。

「人間には定命というものがあります。この定まった命は、変えようのないものです。残された者が考えるべきは、亡くなったお子さんを心のなかにずっと生かし続けること。そして、お子さんの夢を、代わって実現していくことです。お子さんは仏様となって、ずっとあなたの心にいるのです」

こういうお話をお通夜などの法話でさせていただくのですが、きっとそのときには、私の話など聞こえてはいないと思います。

悲しみのあまり、何も考えることができない。どんな言葉も耳には入らない、伝わらないことでしょう。

葬儀が終わって家に帰っても、そこにわが子の姿がない。玄関には運動靴が脱ぎ捨てられているのに、もうその靴を履く子どもはいません。夕方になると、子どもが楽しみにしていたテレビ番組がはじまる。その番組を見ながら、また涙が溢れてくる。ふと気がつけば、子どもが大好きだった夕食ばかりをつくっている……。

「どうして自分たちだけが、こんな苦しみを味わわなくてはいけないのか」

そう叫びたくなる気持ちはわかります。しかし、この逆さの苦しみを味わってきた人たちは、世の中には数え切れないほどいるものです。戦争や病気、不慮の事故などで、命にも代えがたいわが子を失った人はたくさんいます。

「それがお子さんの定命だったのです」と言われても、納得などできるはずはありません。また無理やりに納得することもないでしょう。それでも私たち僧侶は、その言葉をおかけするしかないのです。

ただし、ひとつだけ心に留めておいてほしいことがあります。

それは、この世は「無常」だということです。つまり「常なるものはこの世には無い」ということです。

私たちは幸せな生活をしているとき、この幸せが永遠に続くと信じています。何ごとも起こらない平穏な生活が、これからも続くだろうと。重い病気をすることもなければ、事故に巻き込まれることもない。世間では事件などたくさんありますが、自分の家族にだけは災難は降りかかってこないだろう、と。しかし、そんなことはあり得ないことです。いまという状態が変わることなく続いていくことは、けっしてないのです。

常なるものなど、この世には存在しない。世の中は常に変化しながら移り変わっていく。それが真理です。

反対に、不幸なことが続くこともまたありません。いまが多少苦しくても、その苦しさが永遠に続くことはない。「禍福《かふく》は糾《あざな》える縄の如し」という言葉があるように、幸福と不幸は常に代わる代わるにやってくる。それが人生というものです。

悲しみが消えることはないかもしれませんが、悲しみは必ず変化を遂げます。悲しみも喜びも無常のものであり、そこに留まるものではないからです。

悲しみが永遠に続かないということを心に留めながら、悲しみし向き合っていく。逆さの苦しみにもがく人に向けて言う言葉は、それしかないのです。

知識よりも智慧を求める

人間の死とは、何をもって死とするのか——。さまざまな考え方があると思いますが、仏教では、一般的に肉体の死をもって人間の死と考えています。肉体の死とは、具体的に言えば心臓が止まり、呼吸ができなくなる状態のことです。

人が亡くなるとき、まずは心臓が止まる場合もあれば、呼吸が先に止まる場合もあります。いずれにしても、どちらかの機能が止まれば、やがては肉体的な死を迎えることになります。

最期に大きくふーっと息を吐き、そして二度と息を吸うことはない。そんな姿を、昔はみんなで枕元で見守ったものです。

ところが医療技術が発達したいまでは、人工的に肉体を生かすことが可能になりました。自力で呼吸することができなくても、人工呼吸器をつけることで生命は維持されます。一度心臓が止まったとしても、適切な処置をすれば、再び鼓動を取り戻すことができる。つまり、人間の死に対する考え方が、昔とは大きく変わってきたのです。

臓器移植法案ができたとき、宗教家たちは人間の死について、再度向き合うことになりました。脳が機能しなくなる、いわゆる「脳死」。心臓やそのほかの臓器は正常に動いているわけですが、脳だけが死んだ状態にある。かつてはそんな状態で生きていることはできませんでしたが、現代医学では可能になり、臓器移植という発想が生まれてきました。

脳の機能は失われているとはいえ、呼吸はしっかりとしている。傍目《はため》から見れば、まるで眠っているようにも思える。果たしてこの状態を家族は「死」ととらえることができるでしょうか。

仏教の考え方でいえば、それはノーです。実際にまだ息をし、また身体を触れば温かい。肉体は死んではいないのですから。

また家族も、奇跡を信じたい。ある日突然に目を覚ますかもしれない……。

それを信じて望むのが家族です。

臓器移植とは、その希望を捨てて、生きている身体から臓器を取り出そうとすることです。果たしてそのような決断を人間がしても良いものなのか。

仏教の世界でも、この問題は時間をかけて議論がなされました。もちろん人間の死について明確な答えを見出すことはできないでしょう。それでも僧侶として、仏の身に仕える者として、これをどう解釈すればいいのか、私たちは考えました。

肉体の死をもって人間の死とする。あるいは、脳機能を失っても、心臓が動いている限りは生きていることと同じだ。このような主張をすることは簡単なことです。

しかし、世の中の流れを冷静に眺めたとき、また別の解釈も必要となることがあります。

医学の発展と人間の人生を切り離して考えることはできません。医学ばかりでなく、科学の発展に寄り添うように、私たちの価値観は変わっていくものです。ですから、いたずらにかつての「死」に執着してはいけないのではないか……。そういう考えも見過ごすわけにはいかないのです。

そこで仏教界が出した結論は、臓器移植を「菩薩行《ぼさつぎょう》」ととらえることでした。

菩薩とは、観音様やお地蔵様に当たる地位を指します。その上には如来がいて、如来は完全に仏の世界に入った仏です。

菩薩は、すでに如来の世界に入ることができる仏様でありながら、あえて如来の世界に行くことなく、私たちの世界に留まっているとされています。私たちとともに修行を重ねながら、私たちを仏の世界へと導こうとしている。それが菩薩行といわれるものです。

要するに、自らを犠牲にして、私たち人間に尽くしてくれているのです。

臓器を提供することは、まさにこの菩薩行だと仏教は解釈しました。自分の身体を犠牲にして、ほかの誰かの命を救おうとする。自分の死を覚悟し、一人の人間を生かそうとする。自分の命を誰かに託す……。すなわち菩薩行であると。

これが、仏教が導き出した答えでした。それは答えというよりも、智慧といったほうがいいかもしれません。仏の智慧によって、ある意味では理不尽な脳死というものと向き合ったのです。

脳死や臓器移植をどのように考えたらいいのか、その答えを仏教はもっていません。いや、それは仏教が答えを出すべきものではないのです。現在のところ、その答えは当事者や当事者の家族に委ねられています。

答えを委ねられた家族は、さぞ苦しい選択を強いられるでしょう。当事者の明確な意思表示があれば、まだ気持ちも救われますが、そうではないとき、答えに辿り着くまでには相当な時間がかかるでしょう。そしてどちらの選択をしても、必ず後悔の念は残ると思います。

移植を承諾すれば、自らが家族の死を宣告することになります。かといって頑《かたく》なに拒否をすることは、もしかしたら本人の意思とは反するかもしれない。どちらの選択も苦しみを伴います。それは当たり前のことです。答えのないものに、あえて答えを見つけようとしているのですから、はじめから無理なことなのです。

明確な答えを探さないことです。正解に辿り着こうとしないことです。知識を求めるのではなく、智慧を求めることです。あなたがどんな選択をしたとしても、それは目の前にいる家族を愛するがゆえのこと。その真実だけを見つめていればいいのです。

生きるという本能を信じる

私が住職を務める寺のお檀家さんで、若くしてご主人を亡くされた方がいました。交通事故でした。

その日は、いつもと同じようにご主人を会社に送り出したそうです。二人の男の子も小学校に送り出し、いつもと変わらぬ日常がはじまりました。掃除や片づけをすませて、ほっと一息つく。今日の晩御飯は何にしようかと考えていたとき、リビングの電話がけたたましく鳴った。それは最悪の知らせでした。

朝には元気に出かけて行った夫が、夕方には変わり果てた姿で自宅に帰ってくる。まるで夢を見ているようで、現実感がまったく喪失していたと彼女は言いました。

ご葬儀の折の彼女の姿は、それは痛々しいものでした。まだ幼い子どもには、現実があまりよく理解ができません。傷ついた亡骸を子どもに見せるわけにもいかず、彼女はひとりで苦しみのなかでもがいていました。

まだ三十代という若さです。これからともに家族をつくっていこうとしていた矢先の出来事でした。

何かをしてあげたくても、私は手を差し延べることもできず、ただ見守るしかありません。どうされているのだろうかと、風の便りを待つしかありませんでした。

彼女はご主人に代わって仕事をし、子どもたちを育てなくてはなりません。専業主婦だったので、知り合いから事務の仕事を紹介してもらい、働きはじめました。まだ四十九日の法要にも至らない日でした。

悲しんでいる暇は、彼女にはありませんでした。できるなら、一日中でも泣き暮らしていたい。愛する夫との思い出に浸りながら、ずっと仏壇の前に座っていたいでしょう。しかし、そんなことはできません。早く子どもたちに日常を取り戻すこと。それが彼女のやるべきことなのです。

彼女は一生懸命に仕事と子どもの世話に明け暮れました。子どもたちのお弁当をつくりながら、「もう、主人にお弁当をつくることはないんだ……」と胸が潰《つぶ》れるような思いです。それでも、彼女はご主人のためにお弁当をつくり、それを自分の職場にもっていきました。

そんな生活が二年続き、三回忌の法要を迎えました。一周忌のときとは、明らかに表情が変わっていました。少しずつではありますが、もとの明るい笑顔が戻ってきたように、私には見えました。

法要がはじまる前に、別室でご挨拶をお受けするのですが、そのとき彼女はこう呟《つぶや》いたのです。

「主人が亡くなったとき、私は生きていけないと思いました。こんな悲しい経験はこれまでにありませんから。それでも、そんな悲しみのなかで、ふと頭に浮かんだのは、子どもたちのお弁当のことだったんです。明日のお弁当のおかずを買いに行かなくてはって……。人間ってへんな生き物ですね」

これが人間の生きようとする本能です。どんな苦しい状況に置かれても、何とか前を向こうとする強さなのです。その生きようとする力は、誰もがもっている。そのことを忘れてはいけないのです。


大切な人との別れは、人生のなかでもっとも苦しいことです。もう、生きることさえできないかもしれない。そんな状況に陥ることもあるでしょう。

しかし、そんな状態が二日も続くことはありません。まる二日間も眠ることなく、泣き続けることなどできません。

やがて泣き疲れて、眠たくなってくる。目が覚めると、お腹が減っている。悲しみに暮れ、とても食欲などないと頭では思いながらも、やっぱりお腹は減ってきます。それが人間です。それこそが生きる本能なのです。

この力強い本能に従って、今日という一日を乗りきってみることです。悲しみを忘れなくてもいい。ただ自分のなかにある生きる力を信じて、一日一日を過ごしてみる。その積み重ねが、一年になり、五年になり、十年になっていくのです。

生きているという実感を、絶対に忘れてはいけません。たとえどんなにつらく悲しくても、残された者は生きなければいけないのです。それも、生ける屍《しかばね》になってはいけない。たしかに生きているという実感をもちながら、与えられた命を生きなければならないのです。

それは特別なことではありません。淡々とした日常のなかにこそ、生きているという実感は見つけられるのです。

禅の修行僧のことを「雲水《うんすい》」と呼びます。雲水は、ある一定期間以上の修行生活を送らなければなりません。一般的には一年から三年ぐらいの人が多いようですが、雲水の生活は、三百六十五日変わることはありません。

朝の起床は通常四時。まずは静かに坐禅を組み、心を整えます。そのあと、朝のお勤め、そしてお寺の庭を掃き清め、お堂のなかをピカピカに磨く。これが「作務《さむ》」と呼ばれるものです。それから「小食《しょうじき》」といわれる朝ごはんをいただき、再び作務に励みます。

このような生活を三百六十五日、休むことなく行ないます。これが雲水の修行です。

どうしてこのような修行を繰り返すのかというと、生きるうえでもっとも大切なことは、基本の繰り返しであるからなのです。

このような生活は、毎日淡々として変化がありません。一見すると、とてもつまらないものに思えるかもしれない。しかし、その変わらない日常生活こそが、じつは生きているという実感を生み出してくれるのです。

日々の繰り返しを大切にしながら生きることです。

日常というのは、同じことの繰り返しに思えますが、昨日と今日で、同じものは何ひとつありません。たとえ昨日と同じお弁当のおかずをつくったとしても、その味つけはまったく同じではないでしょう。つくっているときの心持ちも違うでしょう。

そんな些細《ささい》な違いに目を向けながら、日々の淡々とした暮らしを愛おしむことです。この変わらぬ日常こそが、悲しみから救ってくれる力になるのです。

自分に与えられている日々を、大切に生きる。その心がけこそが、悲しみに立ち向かう力を与えてくれるのだと私は信じています。

命はお預かりして、いずれお返しするもの

分身のようなわが子を亡くしたり、二人三脚で生きてきたパートナーを亡くしてしまうなど、大切な人を失った悲しみから立ち直れず、自分が生きる意味さえも失ってしまうこともあります。そして時に、最悪の選択をしてしまう人もいます。自らの命を絶つ人たちです。

悲しいことに日本では、年間に二万四千人もの自殺者がいると聞きます。またその予備軍といわれる人たちは、その十倍にも上るともいわれているそうです。

「こんなにつらい思いをするのなら、いっそ死んでしまったほうが楽だ」そんな身勝手な考え方で、一線を越えてしまうのでしょう。理由はさまざまでしょ

うが、これが現代日本の現実です。

どうして自らの命を絶とうとする人がいるのでしょう。おそらくその根底には、自分の命は自分のものだという考え方があるからだと思います。

仏教の世界では、命は預かりものだとされています。

つまり、あなたの命は、あなたのものではありません。

あなたがこの世に生まれたのは、あなたのご両親がいてくれたからです。そしてそのご両親にもまた、命を授けてくれた親がいた。

こうしてご先祖様を辿っていけば、そのなかの誰かひとりが欠けたとしても、いまのあなたは存在しなかったことになります。

すべてのご先祖様が、大切に命をつないでくれたからこそ、私たちは、いまここに生きていることができるのです。

ですから、この受け継がれてきた命は、自分が精いっぱいお預かりして生きて、今度はそれを、次世代の人たちへと繋いでいかなければなりません。

命というのはお預かりし、そしてお返ししていくということなのです。

もしも、あなたがもっている物が、誰かからの預かりものだとすれば、おそらくあなたはそれを大事に扱うでしょう。いずれは返さなければいけないものですから、雑に扱うことはできません。

しかし、自分のものだと思えば、つい雑に扱ってしまうこともある。誰にも迷惑をかけないという気持ちになるからです。命というのも、これとまったく同じことなのです。

あなたの命は、いずれはお返ししなければならない大切なものです。ですから、預かっている寿命を精いっぱいに生きること。それこそが生きている人間の役目であり、先立った人たちへの責任なのです。

つらいことや悲しいことは、人生につきものです。もっといえば、人生とはつらいことや悲しいことのほうが多いでしょう。楽しいことや、うまくいくことのほうが圧倒的に少ないものです。

そうではあるけれども、その苦しみを乗り越えるなかで、私たちは生きる実感を味わっている。生きるとはそういうことだと思います。

「日々是好日《にちにちこれこうにち》」という禅語があります。これは、「毎日が良き日」であるという意味ではありません。たとえば、十日あれば十日とも晴れの日であることはありません。雨の日もあれば、曇りの日もあります。

また晴れの日が良くて、雨の日が悪いということでもない。晴れの日には晴れの日の良さがあり、雨の日には雨の日にしか味わえない良さがあります。どちらの日が良いか悪いかではなく、それぞれが、それぞれの良さをもっている。ちょっと視点を変えることで、その良さに気がつく。つまり、すべての日が良い日なのだという意味を表した言葉なのです。

人生もまた同じです。晴れの日もあれば、土砂降りの嵐の日もあるでしょう。それでも、たとえ土砂降りの雨のなかでも、じっと目を凝らして見ると、そこにはきっと晴れの日には見えないものが見えたりもします。

苦しいときにしかわからない優しさもあります。悲しいときにしか気づかない思いやりもある。そんな「幸せの欠片」をひとつでも探しながら、預かっている命を生き抜くことです。

いずれあなたの命も、お返ししなければならないときがきます。そのときがくるまで、しっかりとその命を大切にお守りしてください。

書や絵を嗜《たしな》んでみる

写経というのを、聞いたことがあるでしょう。書道の筆を使って、和紙に「般若心経」などのお経を書き写していくという修行です。何となく難しそうで、手間もかかりそうだと敬遠されている人も多いかと思います。

ところが実際は、大した手間も時間もかかりません。たとえば一般的に写経に使われている「般若心経」は、すべての文字数はたったの二百七十六文字です。原稿用紙の一枚分にも満たないほどのものです。

また難しい漢字が使われていますが、それを覚える必要もありません。「般若心経」を横に置いて、それを写せばいいだけです。お経を写すから「写経」なのです。

写すことが難しければ、はじめから薄く書かれてある「般若心経」を買ってくるか、あるいは、お手本を丁敷きにして、それを上からなぞるだけでもかまいません。それらは書店などにいけば簡単に手に入ります。

さらに、「般若心経」の意味を知る必要もありません。この字はどういう意味なんだろうなどと考えながら書くのではなく、ただただ一心に集中して書いていく。そこに写経の意味があるのです。

たとえば、お経を唱えることも同じです。意味がわからなくても、ともかく僧侶を真似てお経を唱えてみる。それだけでも十分です。

いちいち意味を考えていたら、それこそ口がついていきません。意味などわからなくても、お経を唱えるということが、功徳であり修行なのです。あまり難しく考えずに、写経やお経を唱えてほしいのです。

書道の道具をもっていないなら、筆ペンでもかまいません。漢字がゆがんでしまっても、間違ってしまっても気にせず、ただ静かに筆をもつ時間をつくってみることです。はじめての人でも、小一時間もあればすべてを写すことができます。

さて、この写経は何のためにするものなのかというと、それはさまざまな目的があります。たとえば私の寺のお檀家さんで、坐禅会に長年こられている方がいます。その方は書が好きで、時間のあるときに写経をされています。一週間に一枚とか二枚、写経をすることを習慣にされているようです。

親しい人や知り合いが亡くなったとき、その方は精根込めて書いた一枚の写経に、「為 ○○菩提」と記して、棺のなかに入れるそうです。

まだご戒名がなければ○○に俗名を書きます。ご戒名がつけられていれば「為 ○○信士菩提」などと書き添えて、それを棺のなかに入れるのです。

私も何度かその場に立ち会ったことがありますが、亡くなった人への思いを写経に託しているのです。

じつはこのような習慣は古くからありました。大切な人が亡くなったとき、その人を弔うために筆を取り、写経をする。亡くなった人への最後の思いを伝えるための、こういう気持ちのこもった行ないは大切にしていきたいと思っています。

また写経は、亡くなった人を弔うためだけではありません。たとえば写経のあとに「為 心願成就」とか「為 無病息災」、「為 家内安全」などという願いごとを記すこともあります。「願主 ○○」と自分の名前を入れて、それをご縁のあるお寺に納めます。お寺はその写経をお預かりし、御供養や御祈禱をさせていただくのです。

一般的にはお焚き上げをしたり、納経蔵へ納めたりして、願いが叶うようにと祈ります。ちなみに、私が住職を勤める建功寺では、写経をお納めいただきますと、のちほど御供養または御祈禱のうえ納経し、その場所がいっぱいになったときにはお焚き上げをしています。そしてご本人へはハガキでその報告を行うようにしています。

写経は心を鎮めてくれます。たとえば家族が重い病を患って入院しているとき。毎日、お見舞いには行きますが、それでも夕方になればお見舞いの時間は終わってしまいます。夜になれば、大切な人はたったひとりになってしまう。きっと寂しく、心細い気持ちで過ごしているだろう。そう考えれば、こちらの心も落ち着かなくなってくるものです。

しかし現実には何もしてあげることはできません。そんなときにこそ、写経をしてみることです。

大切な人の病が少しでも良くなりますように。安らかな最期を迎えることができますように……。そんな気持ちを込めて、静かに写経をしてみるのです。

その人を思いながら、その人の心に届くように、一文字一文字に気持ちを込めて写していく。その時間が、きっと悲しみや不安、恐れや怒りなどの心を癒してくれるはずです。少なくとも難しい文字を一生懸命に書き写しているときは、いろんな雑念から解放されるものです。

写経に限らず、書や絵を嗜むことは、晩年の人生においてとてもいいことだと思います。趣味をもつことは、人生に潤いと生きがいを与えてくれます。

ゴルフなどスポーツも趣味としては素晴らしいのですが、高齢になるとなかなか身体の自由がきかなくなります。そうなったときのためにも、いくつになっても楽しむことができる書道や絵画といった趣味はいいのではないかと思います。

うちの信徒さんで、長年坐禅会にこられ、百七歳で亡くなった女性がいます。その方の趣味は日本画でした。まさに亡くなる直前まで和紙に向かっていたそうです。歳をとるに従って、手の力も弱くなり、筆をもつ手が震えてきました。家族は「ちょっと絵が歪《ゆが》んできたな」と思っていたそうですが、本人は別の見方をしていました。

「歳をとるにしたがって、どんどん自分の絵が良くなっていく。こんな線は、若いころには描くことができなかった」と。

線の歪みなど関係がない。大切なのは精神性だということでしょう。

その方にとっては、絵を描くことはまさに修行だったのかもしれません。ほんとうに素晴らしいことだと感心させられました。

書を書くことや絵を描くことは、自らの内面と向き合うことではないでしょうか。心が落ち着いているときには書も落ち着いたものになり、心がざわざわしているときには、それは書に現れます。まさにそれは、心のなかを映し出す鏡のようなものです。

自分が書いた写経の文字を、自分自身で眺めてみることです。きっとそこには、自分自身の心の動きが現れていることでしょう。そうした自分の内面と向き合うことで、心が軽くなることもあります。

心のなかに重さを感じるのは、自分自身の内面が見えないからです。写経を通して、自らの内面と対峙《たいじ》することです。

第4章

愛する人が、あなたに教えてくれること

旅立った人たちが授けてくれる智慧

旅立った大切な人に思いを馳せながら、私たちはふと考えます。「父は私に何を伝えようとしたのだろう」「もしかしたら、まだまだ伝えきれなかった思いがあったのではないか」「母は幸せだったのか」「家族のことばかり考えていた母は、もっと別の生き方をしたかったのだろうか」……。

いくら問いかけても、答えは返ってきません。それは十分にわかっている。それでも私たちは、亡き人に問いかけようとします。まるでそこに人生の道標《みちしるべ》があるかのように、返らぬ答えを求めるものです。

現実の社会は、迷うことばかりです。どうすればいいのか、どちらに向かって歩き出せばいいのか……。

考えれば考えるほど、まるで迷路にはまっていくような感覚に陥ります。生きるということは、その迷いを道連れに歩くことでもあるのです。

そんなとき私たちは、智慧を求めます。生きるためのノウハウではなく、生き抜くための智慧。それさえあれば、強く生きていくことができるのです。しかし、その智慧はどこにいけば見つかるのか、それは誰も知りません。ですから私たちは、亡くなった人に向かって問いかけるのかもしれません。

大切な人を亡くしてからしばらくは、いつもその人と心で対話をしているものです。

耳を澄ませば、その人の声が聞こえるような気がします。こちらからの問いかけにも、はっきりと答えてくれるようにも感じます。悲しみに包まれてはいるのですが、そこにはたしかに、亡き人との対話が存在しているのです。

しかし時が経ち、何度目かの季節が巡ってくるころには、そんな対話も徐々に少なくなっていきます。「時薬」が効いてくれれば記憶はやがて薄れて、日常のなかに埋もれてしまいます。

いつまでも亡き人の幻を抱き続けるのは、いいことではありません。ただ、亡き人との対話は忘れてはいけない。亡き人たちが語りかける言葉に、よく耳を澄ますことが大事です。その言葉を探すことをやめてはいけません。

亡き人との対話の場。それはかつて、仏壇の前でした。何年も前に他界した人の顔を、もしはっきりと思い出すことができないとしても、それでも毎日、仏壇の前に座って対話をするということは、とても大切なことです。

最近の家からは、すっかり仏間が消えました。都市部に建てられるマンションでは、とても仏間を設《しつら》える余裕などありません。そして仏間が消えるとともに、お仏壇も家のなかから消えていきました。

それは単にお仏壇という「物」が消えただけではありません。それは、亡き人との対話の「場」が消えたことと同じなのです。

小さなものでもかまいません。家のなかにお仏壇をお祀りすることです。亡き人たちのお位牌を備えることです。

そうして、毎朝必ずお仏壇に向かって手を合わせる。その後ろ姿を子どもに見せることです。小さな子どもには、その意味は理解できないでしょう。死が理解できない子どもに、詳しく説法などする必要はありません。

ただ、親が手を合わせる姿だけを見せればいいのです。その意味は、やがて子どもが大きくなれば、自分自身で探すようになります。

お仏壇の前で手を合わせるという行為は、自分自身と向き合う行為でもあります。自分自身と向き合うことを知らなければ、短絡的な答えばかりを追い求める人間になってしまう。知識ばかりを優先させ、智慧を軽んじる人間になってしまいます。

智慧というのは、私たちの人生を生きやすくしてくれるものです。その智慧を軽んじることは、自らの人生を苦しめることになるのです。

そして、その智慧を授けてくれるのが、先に旅立った人たちなのです。亡き人との対話を大切にしてください。彼らが言い残した言葉を一生懸命に探してください。きっとそのなかに、あなたが求めている人生の答えがあるはずです。

残された人たちを癒す花たち

お墓参りに行くときには、必ず花を供え物として持っていきます。あるいは家のお仏壇にも、いつも花を欠かさずにお供えします。これは古くからある仏教の習慣です。

もともとお寺には、仏様に花をお供えする専門の人がいました。季節ごとの花をあしらい、いつも仏様には花を絶やさないようにする係りの人たちがいたのです。

これが華道のルーツです。仏様に花を供える際に、より見栄えが良くできないか、お参りにいらっしゃる方々の心を癒すような設えができないか。そんな工夫が、華道となっていったのです。

さらにつけ加えるなら、茶道もまた仏教がルーツとなっています。もともとお茶は平安時代に中国から渡ってきたのですが、当初の主流は団茶と呼ばれるものでﾞ、現在のプーアール茶でした。薬として飲まれはじめ、お茶を楽しむというより、漢方薬としてとらえていたのです。

その後、臨済宗の栄西禅師が、現在の抹茶や煎茶の飲み方を伝えました。もともとは仏様に毎朝お供えするものとして伝わり、これが広く日本人に受け入れられて、お茶の文化がはじまったのです。このように茶道や華道といった日本の文化の多くが、仏教から発祥しているのです。

花を供えるという習慣が、いつからのものなのかはハッキリしたことはわかっていませんが、この習慣が残された人たちの心を癒してきたことは間違いありません。

最期にお見送りするときにも、棺のなかにお花を入れます。お墓の前にも花を供え、仏壇の花もいつもきれいな状態にしておく。このように花をお供えするのは、もちろん仏様を思ってのことですが、じつはそれによって救われているのは、生きている私たちなのだと思います。

人間とは不思議なもので、大切な人を失ったとき、必ず「自然」に目が向きます。それまでは、道端に咲いている花など気にかけることもなく、まして一輪の花を摘んでみようという気持ちになどならなかったとしても、悲しみで心が傷ついたとき、人は自然の美しさに目を向けるようになるのです。

道端の花だけではありません。そこに落ちている石ころにさえも心を奪われることがあります。きっと自然に触れることにより、傷ついた心を癒そうとしているのではないでしょうか。

大切な人を失ったとき、その人の魂は近くにいてくれる、どこからか自分を見守ってくれている……。そう思ったときに目に映るのが、自然なのでしょう。

どこからともなく風が吹いてくる。その風が木の枝を揺らしている。もしかしたら、亡くなった母が揺らしているのかもしれない。道端に咲く一輪の花は、もしかしたら母の化身かもしれない。

ふと気づけば、知らず知らずのうちに自然のなかに亡き人の魂を探している。それが人間の心だと思います。

仏様に花をお供えすることで、悲しみが和らぐこともあります。花を供える一瞬に、仏様と心がつながることもある。

お花は毎日取りかえる必要もありません。季節にもよりますが、菊の花などは長持ちしますから、水をかえてあげるだけで十日程度はもちます。お墓やお仏壇に菊の花を供えるという習慣は、菊が長持ちするという理由からです。

どの家にもお仏壇があるのが理想ですが、もしもお仏壇がなければ、それでもかまいません。まずは、お花とろうそく、そしてお線香を立てる香炉を用意すれば、それで十分です。

この三つを三具足《みつぐそく》と呼びます。この三具足と一緒にご本尊様（これは軸になった簡易のものもあります）、そしてお位牌を祀り、毎朝お参りをすることです。

時には道端に咲く花を摘んで帰り、仏様に供えてみる。雑草のような小さな花でも、三具足のなかに置くことで、驚くほどの輝きを放つこともあります。大切なことは、いつも花を絶やさないという気持ちなのです。

人間は亡くなると土に還《かえ》っていきます。肉体はやがて自然のなかに還っていく。これが自然の道理です。

そして自然に還っていった魂は、自由に自然のなかで生き続けています。その魂と出会いたいという願いが、私たちの心を花へ、自然へと誘っていくのでしょう。

自然のなかに身を置いてください。一日のうちの数分でもかまいません。自然を感じてみてください。

自然と向き合うことで、悲しみがさらに深まることもあるかもしれません。風に揺れる葉を見ながら、涙が溢れるかもしれません。それでも、自然のなかで感じる悲しみは、きっと立ち直るきっかけを与えてくれます。人間もまた、自然の一部にすぎないからです。

一本の糸でつながる百八の珠

お葬式や法事などのときには、手に数珠をかけてお参りをします。これは誰もが知っていることでしょう。では、この数珠にはどのような意味があるのか、それを少しご紹介したいと思います。

もともと数珠というのは、お念仏や称名《しょうみょう》（仏様、菩薩の名前を唱えること）、そして真言《しんごん》（仏様の言葉）を唱えるとき、その回数を数えるために僧侶が使ったものです。数珠の珠をひとつまさぐるごとに、仏様を念じる。ですから数珠のことを「念珠」とも呼ぶのです。

この数珠につけられた珠の数は百八個あります。人間のもつ煩悩の数と同じです。数珠の珠を一つひとつまさぐりながら仏名を唱えていくことで、煩悩がひとつずつ消えていくと考えられているのです。

また、数珠は一本の糸によってつながっています。この糸は、お釈迦様の教えがバラバラにならぬように、連ねているのです。この糸のことをサンスクリット語でスートラといい、これを日本語で「経」といいます。このように数珠には、さまざまな意味と心が込められているのです。

数珠について、ここまで細かに理解する必要はありませんが、もう少し身近な存在としてとらえてほしいと思います。数珠は何も、お葬式や法事のときだけのものではありません。日常的にもち歩いてもいいものです。

少し前にお目にかかった女性が、数珠を手にかけていました。私がふとその数珠に目をやると、彼女はこう話してくれました。

「この数珠は、亡くなった姉が使っていたものです。形見分けにと私がもらいました。もう姉が亡くなってから十年以上経ちますが、私はずっとこの数珠を手にかけています。姉を弔うとか、そんな大げさなことではなく、何となくこれをしていると気持ちが落ち着くのです」

とても仲の良かった姉妹だったそうです。お姉さんを亡くしたときは、なかなかショックから立ち直ることができませんでした。それでも、手に巻いた数珠に話しかけることで、少しずつ悲しみが和らいでいったそうです。まさに彼女にとっては、大切なお守りだったのです。

少し前までは、数珠を手にかけて出かける人は、あまり見かけませんでした。数珠はご葬儀などの特別なときのもので、日ごろからもち歩くものではないという考え方があったのでしょう。

ところが、ある有名なサッカー選手が日常的にブレスレット型の数珠をつけていたことで、あっという間に若い人たちの間で広まっていきました。おそらくはファッションのようにとらえたのでしょうが、それはとてもいいことだと思います。

何かにつまずいたときや、つらいことが起こったとき、そっと手に巻いた数珠に触ってみる。そこにはご先祖様がいてくれるかもしれない。先立った友人がいてくれるかもしれない。そう考えるだけで、不思議と力が湧いてくるものです。

クリスチャンの人たちは、十字架のペンダントなどを身につけています。何かあったとき、そのペンダントを握りしめるのも、同じ心理でしょう。

何か「心の拠《よ》りどころ」となるようなものを身につけておくことは、それだけで気持ちが安らぐものです。

できれば、数珠はふたつ用意することを私はすすめています。ひとつはご葬儀などで使うもの。そしてもうひとつは、いつも身につけておくものです。それは安価なものでもかまいません。一年もつけていれば糸やゴムが切れて、珠も取れてしまうこともあるでしょうから、そうなれば修理をするか、また買いかえてもいいでしょう。

手に巻くのが嫌ならば、いつも使う鞄やハンドバッグに入れておくだけでいいのです。普段は忘れていても、何かのときにふと思い出す。そしてそっと握りしめてみる。そんな小さなことで、心が元気になることもあるのです。

そして、父が使っていた数珠は息子が受け継ぐ。母が大切にしていた数珠は娘が受け継ぐ。それをまた、自分たちの子どもに託していく。そんなふうに、代々数珠を受け継いでいくことができれば、とても素晴らしいと思います。

使い古された数珠は、歴史を感じるほどに変色していたり、糸を何度も交換したために、いびつな形になっているかもしれない。それでもその数珠を手にしたとき、会ったこともないご先祖様の存在を感じたりする。
自分はけっしてひとりではないことを、数珠を通して感じることができる。
数珠にはそんな力があるのだと思います。

最期に感謝の言葉を残せたら

人間の記憶とは不思議なもので、いい思い出はいつまでも心に残ります。それは時間が経つほどに、さらに美しさを増していきます。ほんの小さな優しさも、時が経てば大きな優しい記憶となって心に留まるものです。いい思い出ばかりたくさん心に残り、悪い思い出は知らぬうちに消え去っていく。そうであるからこそ、人間は生きていけるのかもしれません。

しかし、残念なことに、けっして消えることのない悪い思い出を抱える人たちもいます。

忘れようとしても忘れられない、許そうと思っても、どうしても許すことができない。そんな感情を抱えながら、肉親を送る人たちもいるものです。

檀家さんに、ある三姉妹がいました。両親は幼いころに離婚し、男手ひとつで育てられました。両親の離婚の原因は、母親による虐待でした。三人の娘たちを虐待する母親に耐えられず、父親は子どもたちを守るために離婚を選んだといいます。

その後、母親が再婚したことを風の便りで聞きました。「もうこれで、いっさい母親とは縁が切れた」と娘たちは心のどこかでほっとしていました。

ところが、ある日突然に、母親の死が伝えられたのです。もう関係ないはずなのに、どうしていまさらと娘たちは訝《いぶか》ったそうです。

聞けば、再婚相手はとうに亡くなっていました。残された母にはひとりの親族もなく、入るお墓もないということだったのです。

離婚したとはいえ、実の娘であることには変わりありません。何とか一緒のお墓に入れてほしいという母の遺言があったのです。

三人の娘たちは、それぞれの思いを語り合いました。虐待を受けていたのは遠い昔の話です。離婚してからは、父親と一緒に幸せな人生を歩むことができました。一方の母親は、長きにわたって孤独な人生を歩いてきました。そう考えたとき、もう母親を許してもいいのでは、という気持ちにもなりかけました。

しかし彼女たちが出した結論は「ノー」でした。

母親を父親のお墓に入れたくない。自分たちもまた、母と同じお墓にはぜったいに入りたくない。たとえ母が無縁仏となろうが、それは自分たちには関係ない。三人の娘は、母親の遺骨を引き取ることを拒否したのです。

私はその結論に対して、あれこれ言うことはできません。娘さんたちがこの結論を導き出したということは、過去に言葉では言い尽くせないほどのつらい日々があったことが、想像できるからです。それを考えると、彼女たちの意思を尊重することが第一なのです。

人は死んだあとに何を残すのか。

それは家や財産という目に見えるものではなく、残された人の心に、思い出を残すことです。それこそが、この世に生きてきたという証《あかし》なのだと思います。

思い出には良いものもあれば、そうでないものもある。それらすべての思い出が、残された者たちの心から消えることはありません。

どんな思い出を残して逝くのか。それがすなわち、どんな人生を送ってきたかということになるのでしょう。

虐待はけっしてしてはならないことですが、この母親の精神状態が普通であったならば、母親もきっと、自分自身を責め続けた人生だったのではないでしょうか。娘さんたちも、今後時間をかけて、嫌な記憶を少しずつ払拭《ふっしょく》していってほしい。心の棘を一本一本抜くように、悲しくつらい思い出から解放されてほしい。私が願うことはただそれだけでした。

また、亡くなるそのときに、どのような言葉を残される者にかけるのか。それこそが、残されたものにとって、いちばん心に残る思い出にもなります。

五十歳になるKさんの話をしましょう。

Ｋさんと父親との間には、長年にわたっての確執がありました。父親はとても厳しい人で、とくに長男であるＫさんに対しては厳しかったそうです。褒められたことなど一度もない。何かを相談しようにも、「もっと努力をしろ」という言葉だけが返ってくる。Ｋさんはそんな父親を憎んでさえいました。自分は愛されてないのだと本気で思っていたそうです。

その父ががんにかかり、余命を宣告されました。Ｋさんは仕方なく見舞いに通いました。しかし、とくに話すこともなく、父親はまるでＫさんを無視するような態度をとります。

そしていよいよ最期が近くなったある日。Ｋさんは思いきって父に聞いたのです。

「父さんは、俺のことをどう思っていたの？　父さんみたいに立派な人生ではないかもしれないけど、俺は自分なりに努力をしてきたんだ。その努力を認めてはくれなかった。父さんにとって、いったい俺の存在とは何だったの？　最期に俺に言いたいことはないの？」

Ｋさんは、これまでの思いをぶつけるように、父親に問いただしました。きっとまた、説教でもはじまるのだろうと思いながら、父の言葉を待っていました。

しばらくKさんを見つめたあと、父は言いました。

「俺の息子として生まれてきてくれて、ほんとうにありがとう。お前がいてくれたからこそ、父さんは頑張ることができたんだ。ほんとうにお前には感謝している。俺にとってお前は、命よりも大切な存在だった」

Kさんの目からは、とめどなく涙が流れました。これまでの確執が一気に溶けていったような気がしたそうです。

最期を迎えるそのときに、感謝の言葉を口にすることができるのは、とても素晴らしいことだと私は思います。

やり残したこともあるでしょうし、心残りもたくさんあるでしょう。すべてに満足しながら死を迎えることなど、人間にはできないことです。それでも、そんなことを言い残して逝くことは、残された者を苦しめるだけなのです。

そうであるならば、一言、感謝の気持ちだけを残していく。それこそが、先立つ人間にできる唯一のことかもしれません。

最期に感謝の言葉を残せるということは、わが人生すべてに感謝ができるということでもあります。

この世に生を享けたという感謝、自分を育んでくれた両親への感謝、そして自分のもとに生まれてきてくれた子どもたちへの感謝……。そんな感謝に包まれて旅立つことができれば、それは残された者への最高の贈り物になります。

そしてその感謝の心は、次の世代へときっと受け継がれていくでしょう。人間の幸福とは、そういうものであると思います。

いつもそばにいてくれると信じる

和尚が亡くなることを、仏教の世界では「遷化《せんげ》」といいます。「遷」という字には、"移す"という意味があります。

つまり、和尚はこれまで現世という世界で、布教教化活動をしていました。

悩める人たちに仏教の教えを説き、その心を慰めてきました。

しかし肉体が滅んだあとも、和尚の役目はそこで終わりではありません。今度はまた別の世界に移って、布教活動に従事することになるのです。

要するに、死というものは、活動の場所を移るだけのこと。そのように考えられているのです。

和尚でなくてもこれは同じです。すべての人間が、何らかの使命を与えられてこの世に生まれてきます。十分にその使命をまっとうできる人もいれば、残念ながら志半ばで生涯を閉じる人もいます。あるいは自らに与えられた使命に気がつかず、無為で欲望に満ちた人生を送る人もいるでしょう。

どんな人間にとっても、亡くなってしまったら、すべてが終わりということではありません。別の世界に移って、再び同じ使命を与えられる人もいるでしょう。あるいはまったく別の使命に従事する人もいるかもしれない。いずれにせよ、すべての人は、亡くなったその後も、また別の世界で使命を与えられているのです。

そしてその使命に従事しながら、この世に残された者たちを見守っています。ですから、私たちはその「根線」にこそ、思いを馳せなければいけないのです。

昔の日本では、子どもに向かってこう言ったものです。

「悪さをしてはいけないよ。もしも誰も見ていなかったとしても、どこかで死んだお爺さんが見ているんだぞ。お天道さまも見ているんだぞ。そのことを忘れるな」と。

この言葉が、子どもたちの心のなかに深く浸透していました。悪いことをして、たとえ誰にもばれなかったとしても、死んだお爺さんにはお見通しだ。そう信じることが、心の歯止めとなって働いていました。

「そんなことがあるはずはない」と口では言いながらも、心のどこかに信じる気持ちをもっていた。それこそが宗教心というものだと思います。

ところが時代が移り、現代は科学盲信の時代になりました。

死んだあとのことは科学的に証明ができない。魂の存在など、科学では解明できていない。だからそんなものは存在しないんだ、と。

そういう価値観が子どものなかにも巣食ってしまっています。それは果たして良いことなのでしょうか。それほどまでに科学は、私たちに幸福をもたらしてくれるのでしょうか。

科学の力は私たちに便利さを与えてはくれましたが、心の安寧までも与えてくれたのでしょうか。

「死んでしまえば、すべてはおしまいだ」「来世などあるはずもないのだから、いまを楽しむだけでいい」「誰かに迷惑をかけようが、自分さえ良ければいい」「どうせ死んでしまうのだから、必死になって努力するのもバカバカしい」……。

そう考える人たちもいます。どのように人生をとらえるかは、人それぞれです。自由に解釈すればそれでいいでしょう。

しかし、そのような考え方で、人生は良きものとなるでしょうか。自分の欲望だけに目を向け、勝手に生きることが、良き人生だといえるでしょうか。

私はそうは思えません。もしも死が「ゼロ」であると考えるなら、二度と亡くなった人を感じることはできません。あれほど大切だと思っていた人が、心のなかにさえ残らない。そういうことになるでしょう。それはあまりにも寂しいことだと思います。

たとえ肉体がこの世から消え去ったとしても、亡き人は、きっとどこかから自分を見守ってくれています。邪《よこしま》な気持ちが芽生えたときには、どこかから戒《いまし》めの声が聞こえてきます。気持ちが弱っているときには、救いの言葉を授けてくれます。そうやっていつもそばにいてくれる。そう信じることです。

亡き人の存在を信じること。それは誰の迷惑にもなりません。あえて口に出して言う必要もない。ただ自分の心の内にしっかりと留めておけばいいのです。

人間の心とは弱いものです。深い悲しみや苦しみに負けそうになることもあります。その悲しみから救ってくれるのは、科学の力ではありません。それは、亡き人の存在を感じとる力だけなのです。

慣れる力は、生きる力

ともに生きてきた大切な人がいなくなる。その悲しみと喪失感は、日常から色合いを奪ってしまいます。同じ家にいるはずなのに、まるで自分の家ではないような、よそよそしさを感じてしまう……。

たとえば長年連れ添った妻を亡くしたときなど、その日常はすべて変わってしまうでしょう。毎日妻がつくってくれた食事と、掃除や洗濯も欠かさずにやって整頓された部屋。そんな日常が、一気に色褪《あ》せてしまいます。

自分で食事をつくる気にもならず、部屋のなかは散らかっていくばかり。ふとした瞬間に、「おーい」と妻を呼んでしまって、深い喪失感にますます落ち込んでしまう。

しかし現実には、生きていかなければなりません。

やがては自分で料理をするようにもなります。掃除や洗濯にも慣れてくる。

そうして一年も経ったころには、何とか妻がいない生活に慣れているのです。そんな自分にふと気がつき、そこに罪の意識を感じることもあります。妻がいないことに慣れていく自分……。それが自分で許せなかったりするのです。あれほど、妻がいなければ生きていけないと思っていたのに、いまひとりで何とか生きている。もう妻のことを忘れてしまったのか……。そんな自責の念が襲ってきます。

しかし、それこそが前を向いて生きるということなのです。

その人がいない生活に慣れていくということは、じつはとても大事なことなのです。

いつまでもその生活に慣れなければ、やがては自堕落な生活に陥っていきます。「もう自分も死んでしまいたい」「自分ひとりで生きていくことなどできない」と、日常生活をないがしろにしてしまうのです。

一見すると、思いの深い人のように映りますが、それは現実から逃避しているだけです。誰かが何とかしてくれる。そんな甘えが心のどこかに潜んでいるのです。

慣れることは、けっして悪いことではありません。現実に慣れなければ、私たちは前を向いて歩くことはできないのです。

失った人を思う悲しみに慣れる必要はありません。しかし、日常生活という現実はしっかりと受けとめ、その生活に慣れていくことです。

そのためにも、きちんとした生活を心がけることです。毎朝同じ時間に起きる。部屋の空気を入れかえて、食事の支度をする。お仏壇に花とお茶を供えて、妻と挨拶を交わす。身仕度を整えて、凛とした心持ちで生活していく……。

亡くなった人は、それを望んでいるのです。

残された人たちが、涙に暮れる生活をすることなどはきっと望んでいないはずです。

いい意味でも悪い意味でも、人間には慣れるという力が備わっています。悪いことに慣れることは自らに戒め、良いことに慣れる努力をすること。私たちに与えられた「慣れる力」を信じて、いまという現実を生きることです。

大切な人がいないという現実に慣れることと、失った悲しみに慣れることはまったく別のことです。それを同じように扱ってはいけないのです。

「早く私のいない生活に慣れてください。早く自分の生活をしっかりと築いてください。そうして、早く私を安心させてください」

きっと先立った人は、残された者にそう言っているのだと思います。

亡き両親の足跡を訪ねる

親が亡くなったとき、私たちは自らの死を意識するといわれています。それは年齢とは関係ありません。自分が六十歳を過ぎていても、九十歳の両親が元気でいれば、なかなか自分の死を意識することはありません。

反対に若くして両親を亡くした人は、早くから死について考えるようです。どこかに「死は順番にやってくる」という思いがあるのでしょう。

親の死というものは、その年齢がいくつであっても、深い喪失感に襲われるものです。

たとえ大往生だったと頭ではわかっていても、親を失う悲しみというのは、いつの時代も変わることはありません。

親を亡くしたあとなどに、ふと親との関わりを考えたとき、その薄さに愕然《がくぜん》とすることがあります。幼いころの思い出はたくさんあるでしょう。褒められたときの嬉しさや、叱られたときの怖さなど、一つひとつが思い出として蘇ってきます。

ところが二十歳を過ぎて、親元から独立したあとは、意外と現実的な交流は少なくなるものです。自分たちも結婚して家族ができると、両親との関わりはたまにする電話だけ。まあ、お互いに元気ならばそれでいいとなってしまうでしょう。

とくに父親と息子の場合、ある意味ではライバル意識も働き、親子といえども本音で話すことがなくなってくるものです。

「いつかじっくりと酒でも酌み交わしながら話をしよう」

そう思っていた矢先に、父親は亡くなってしまったという話はよく聞くことです。

「父はどんな気持ちで仕事をしていたのだろう」「母は田舎から出てきて、幸せだったのだろうか」「父と母の人生は幸福だったのだろうか」……。いくら仏壇の前に座って聞いても、もう答えは返ってきません。

「亡くなったご両親の故郷を訪ねてみてください」

私はそう言うことがあります。親の人生に触れたいとき、どのように歩いていくべきか、道が見えなくなったとき、生きる指針を見失いそうになったときなど、両親が生まれ育った故郷を訪ねてみることです。もしかしたらそこには人生の小さなヒントが落ちているかもしれません。

すでに故郷は、様変わりをしているかもしれません。実家があった土地には、新しい家が立ち並んでいるかもしれない。駅前の商店街は消えて、大型のスーパーになっているかもしれない。

それでもかまいません。実家は姿を消しても、父が遊んだ川は消えることはありません。母が幼いころに通っていた小学校は残っているでしょう。

そんな場所を訪ねて、両親の面影を重ねてみることです。

もしかしたら、懐かしい人たちに出会えるかもしれません。歳老いた両親の友人が迎えてくれるかもしれません。

そこで聞いてください。「父はどんな子どもでしたか」「母の小さいころの夢は何だったのですか」「ふたりはどのようにして出会ったのですか」と。

両親がこれまで歩いてきた人生の道のりを、探してみてください。

両親の歩んできた道に触れたとき、必ずそこに見えるものがあります。これまで知らなかった両親の姿が見えるかもしれない。子どもにはけっして話さなかった苦労話を聞けるかもしれない。

そんな両親の姿を知ることが、すなわち人生の行先を知るヒントになると、私は思っています。

親が子どもに伝えたいことは、数えきれないくらいあるものです。

子どもの幸福を願うからこそ伝えておきたいことがある。しかし実際には、そのすべてを伝えきることなどできません。おそらくは、伝えたいことの半分も言い残すことなどできないでしょう。

ですから、両親が伝えきれなかったことを、自分で探さなければいけないのです。

「こんなとき、父だったらどう考えるだろう」「こんなことをしたら、きっと母は悲しむだろうな」と、亡き両親の心に思いを馳せながら生きていく。

両親の教えを探しながら生きていくこと。それこそが、亡き両親への感謝の気持ちを表す手立てだと思うのです。

喜怒哀楽を留めておかないこと

人間の心には、喜怒哀楽という感情があります。この感情はけっしてなくせるものではありません。いくら僧侶が修行を重ねたとしても、いっさいの喜怒哀楽をなくすことなど不可能ですし、また仏教もこれを否定しているものではありません。

ただし大切なことは、その喜怒哀楽の感情を引きずらないということです。ひとつの感情に留まり、そこに執着しないことを説いているのです。

有名な説話を紹介しましょう。

一休禅師が、弟子を伴って町を歩いていました。するとたまたま鰻《うなぎ》屋の前を通りかかりました。店のなかから美味しそうな鰻を焼く香りが漂ってきます。そこで一休さんは思わずこう言いました。

「美味しそうな香りがするなあ。この店の鰻はさぞ美味しいのだろうな」

それを聞いていた弟子たちは驚いて言いました。

「和尚様。そんなことをおっしゃっていいのですか。鰻は生ぐさものですよ。それを美味しそうだなんて」

修行の身である者は、何かを食べたいとか、美味しそうだとか、そのような欲望を口に出すものではないと弟子たちは思っていたわけです。

やがて一行はお寺に着きました。草鞋《わらじ》を脱ぎながら、一人の弟子がつい言いました。

「それにしても和尚様。先ほどの鰻は良い香りでしたね。まだ美味しそうな香りが頭から離れません」

そこで一休さんが一言。

「お前は、まだそんなことを引きずっていたのか。私は鰻の香りなど、とっくにそこに捨ててきた」

この一言に、弟子たちはハッとさせられました。

鰻を食べたいと思うのは、別に悪いことではありません。それは当たり前の感情です。

しかし、いつまでもそこに心を留めておいてはいけないのだと。それが禅の教えであることを、弟子たちは悟ったのです。

大切な人を亡くしたとき、悲しみに襲われるのは当たり前です。それを消し去ることができる人などいないでしょう。

しかし、けっしてそこに留まってはいけない。移りゆく喜怒哀楽の感情を、その場に留めてはいけないのです。

大きな災害に襲われたとき、残された者たちには強烈な自省心がうまれます。生き残った自分を責める人たちもいます。

そしてそういう人たちは、悲しみや苦しみとばかり向き合おうとします。それが亡くなった人たちへの弔いでもあるかのように。

「自分がこんなご馳走を食べるなど、亡くなった人に申し訳ない」「亡くなった人のことを考えれば、自分だけが楽しい思いをすることなんてできない」……。

なかには、笑うことさえ罪の意識をもつ人もいるといいます。

亡くなった人のつらさや苦しさを想像するのは、誰もがもっている心です。それでも、それを想像する気持ちと、喜びや楽しみを制してしまう気持ちは別のものです。そんなふうに自分の心を縛ってはいけません。

目の前で面白いことや楽しいことに出会えば、素直に笑顔になればいい。我慢をするのではなく、素直に笑うことです。そんな小さな嬉しさや楽しさを感じることで、人は前を向くことができるのです。

喜怒哀楽を自分のなかで閉じ込めてはいけない。そして、たったひとつの感情だけに留まってはいけない。

亡くなった人たちは、残された人に何を望んでいるのでしょうか。いつまでも悲しみに暮れている姿を望んでいるでしょうか。そうではないと私は思っています。

先立った人たちが望んでいるのは、残された人たちの笑顔ではないでしょうか。嬉しそうな笑顔と、楽しそうな笑い声ではないでしょうか。これは禅の教えでも何でもありません。私の個人的な思いなのです。

答えはない。だから、運命を受け入れるしかない

人は誰しも、運命や宿命というものを背負ってこの世に生まれてきます。性別や容姿、あるいは出身地や家柄というものは、自らが選んだものではありません。生まれながらにして良い環境を与えられている人もいれば、苦しい環境

のもとで育っていく人もいる。生まれながらに健康で丈夫な身体を手に入れている人もいれば、病弱な身体で生まれてくる人もいるでしょう。

あるいは自分にはまったく非がないのに、不慮の事故などに遭う人もいる一方で、ほんのわずかな差で九死に一生を得る人もいます。

これらすべてを称して、運命や宿命と私たちは呼んでいます。

「どうして自分だけが、こんなつらい目に遭わなくてはいけないのか」「どうして自分はこんな悪い環境しか与えられないのか」と、努力をしても変えることのできない運命や、一生懸命に健康に気を配っても、短命に終わってしまう運命を前にしたとき、人は「どうして?」と問いかけるものです。そしてその答えを探そうとします。

しかし、そこには答えはありません。なぜなら、その状況こそが、自分だけに与えられた運命だからです。

道元禅師の『正法眼蔵《しょうぼうげんぞう》』(仏教思想書)のなかに、次のような一節があります。

生死《しょうじ》を心にまかす、生死を身にまかす、生死を道にまかす、生死を生死にまかす。

この言葉の意味は、「お釈迦様は、生死というものを無心にまかせます。生死を命のあるがままにまかせます。生死を仏様の道にまかせます。そして生死を運命にまかせるのです」ということを説いた言葉です。

それぞれの人間に与えられた生死は、けっして逃れることのできない運命です。しかし、その運命や宿命を諦めなさいとお釈迦様はいっているのではありません。

諦めるということでなく、その運命を静かに受け入れなさいと説いているのです。

自分自身に与えられた運命や宿命を、まずは受け入れることです。

努力で変えられるものがあるとすれば、それは日々の努力で変えていけばいい。しかし、どうしても変えることのできないものと出会ったときには、それを運命だと思い、受け入れるのです。そういう心をもつことで、人生は必ず生き易くなります。

自らの運命を、誰かの力にまかせてしまうということは、一見すると楽なように思えますが、じつはとても勇気のいることです。いたずらに騒ぐことなく、目の前の運命を受け入れることは、大変な勇気が求められるのです。

しかし、その勇気がもてたとき、人は自分だけの人生を生きることができる。他人とは違う自分だけに与えられた運命を、生ききることができるのです。

そして、運命について、ひとつだけ覚えておいてほしいことがあります。それは、運命に良し悪しは存在しないということです。

私たちはつい、運命の良し悪しを決めつけようとします。とくに身のまわりに悪い出来事が起きたときには、「自分はどうしてこんな悪い運命を背負っているのか」と嘆いてしまう。自らの運命を恨み、他人をうらやみ、妬《ねた》ましく思ってしまう。

どうしてそう思ってしまうのかというと、それは自分の運命と他人の運命を比較しているからです。

運命は、比較すべきものではありません。比較しようにもできないものなのです。運命というのは、ただ単にそれぞれの人間に与えられたものにすぎない。そこには優劣や良し悪しなど存在するはずはないのです。

自らの運命を静かに受け入れることです。さらに言うなら、家族や大切な人たちの運命もまた、あなた自身が受け入れてあげなくてはいけない。人間にとって最大の苦しみでもある死。その死もまた、受け入れていくしかないのです。

生涯、生きることを学ぶ

死は、いつも私たちの近くにあります。

こんなことを言うと、まるで脅かしているようですが、それが真実です。私はいま、こうして本を書いていますが、明日にもまた続きが書けるかどうかはわかりません。

今日と同じように明日も生きているか、それさえもわからない。もしかしたら、明日にも私の定命がやってくるかもしれない。しかし、だからこそ、この生きている瞬間を愛おしく感じるのです。

肉親や大切な人の死に接したとき、私たちは強烈に死の存在を意識します。昨日まで話をしていた人が、もう口を開くことはない。昨日まで感じていた手のぬくもりは、もう二度と感じることはできない。その現実に私たちはハッとするのです。

まさに死を現実のものとして意識した瞬間です。

そして、苦しいほどの悲しみが襲ってきます。

しかし、苦しみや悲しみを感じることができるのは、生きているからこそです。涙を流せるのは、自分がたしかに生きているという証なのです。その現実と向き合ったとき、私たちは生きる意味を考えることになります。

「生きるとはどういうことなのか」「これからの人生をいかに生きればいいのか」「亡くなった人のためにも、自分は何をすべきなのか」……。そういうことを考えはじめます。

そうです、私たちは目の前の死と出会ったとき、生について真剣に考えるのです。

どんなにつらくても、どんなに苦しくても、私たちは与えられた生を生きなければならない。亡き人たちに代わって、一生懸命に命をまっとうしなければならない。苦しみを乗り越え、悲しみを受け入れながら、残された人生と向き合わなくてはいけないのです。

先立った人たちは、私たちに何を残してくれたのか。

何を残そうとしたのか。

それは、「生きる力」ではないかと私は思っています。

亡き人々は、自らの死をもって、生の尊さを伝えようとしているのではないでしょうか。

だからこそ残された者は、彼らの遺志を受け継がなければなりません。

生きているということが、どれほどありがたく尊いことなのか。

そこにこそ、思いを馳せなければならないのです。

著者紹介

枡野俊明（ますの　しゅんみょう）

1953年神奈川県生まれ。曹洞宗徳雄山建功寺住職、庭園デザイナー、多摩美術大学環境デザイン学科教授。玉川大学農学部卒業後、大本山總持寺で修行。「禅の庭」の創作活動を行ない、国内外から高い評価を得る。芸術選奨文部大臣新人賞を庭園デザイナーとして初受賞。ドイツ連邦共和国功労勲章功労十字小綬章を受章。2006年『ニューズウィーク』日本版「世界が尊敬する日本人100人」に選出される。おもな作品に、カナダ大使館東京、セルリアンタワー東急ホテル日本庭園など。おもな著書に『禅―シンプル発想術』（廣済堂出版）、『そのままで心を楽にする禅の言葉』（朝日新聞出版）、『眺める禅　すーっと心がかるくなる』（小学館）、『書いて体得する禅　すっきり爽やかな心をつくる』（メディアファクトリー）、『心配事の9割は起こらない　減らす、手放す、忘れる「禅の教え」』（三笠書房）、『あなたのお墓は誰が守るのか「心のエンディングノート」のすすめ』（PHP新書）、『おだやかに、シンプルに生きる』（PHP文庫）など多数ある。

この作品は、2014年2月に廣済堂出版より刊行された『心がやすらぐ、お別れの心得』を改題し、加筆・修正したものです。

ＰＨＰ文庫　人は､いつ旅立ってもおかしくない

2016年９月15日　第１版第１刷

著　者　枡野俊明
発行者　小林成彦
発行所　株式会社ＰＨＰ研究所
東京本部　〒135-8137 江東区豊洲5-6-52
文庫出版部　☎03-3520-9617(編集)
普及一部　☎03-3520-9630(販売)
京都本部　〒601-8411 京都市南区西九条北ノ内町11
PHP INTERFACE　http://www.php.co.jp/
組　版　朝日メディアインターナショナル株式会社
印刷所
製本所　共同印刷株式会社

ISBN978-4-569-76617-1

PHPの本

思いが伝わるあなたと家族のエンディングノート

禅が教える豊かな人生の終い方

枡野俊明　著

好きなページに書き込めばあなたの「生きた証」が完成します。禅の教えに照らしながら、「もしも」のときに困らない終活ができる！

【B5判】　定価　本体一、四〇〇円（税別）

PHPの本

50代を上手に生きる禅の知恵

枡野俊明 著

50代は、人生が最も輝く10年間。だから好きなことをすればいい。不安や迷いから解き放たれ、心が潤うシンプルな知恵を公開。